Vom Ort des Menschen

Erkenntnis und Glaube
Schriften der Evangelischen Forschungsakademie NF

Band 53

Vom Ort des Menschen

Herausgegeben von
Jürgen Kampmann, Alfred Krabbe
und Arno Schilberg

EVANGELISCHE VERLAGSANSTALT
Leipzig

Bibliographische Information der Deutschen Nationalbibliothek
Die Deutsche Nationalbibliothek verzeichnet diese Publikation in der
Deutschen Nationalbibliographie; detaillierte bibliographische Daten
sind im Internet über http://dnb.dnb.de abrufbar.

© 2023 by Evangelische Verlagsanstalt GmbH · Leipzig
Printed in Germany

Das Werk einschließlich aller seiner Teile ist urheberrechtlich geschützt.
Jede Verwertung außerhalb der Grenzen des Urheberrechtsgesetzes ist ohne
Zustimmung des Verlags unzulässig und strafbar. Das gilt insbesondere für
Vervielfältigungen, Übersetzungen, Mikroverfilmungen und die Einspeicherung
und Verarbeitung in elektronischen Systemen.

Das Buch wurde auf alterungsbeständigem Papier gedruckt.

Cover: Kai-Michael Gustmann, Leipzig
Satz: Olivia Syrowatka, Detmold
Druck und Binden: Beltz Grafische Betriebe GmbH, Bad Langensalza

ISBN 978-3-374-07451-8 // eISBN (PDF) 978-3-374-07452-5

www.eva-leipzig.de

Inhalt

Vorwort 7

Johann Hinrich Claussen
Religiöse Orte. Entdeckungen und Irritationen 11

Alfred Krabbe
Der Ort der Erde im Weltall 25

Reinhold Ewald
Und wenn das Weltall antwortet?
Ein Paradigmenwechsel in der Menschheitsgeschichte 51

Dirk Engelmann
Der Mensch als soziales Wesen in der Ökonomik 61

Rüdiger Lux
Land – Gott – Thora.
Drei Orte israelitisch-jüdischer Existenz 83

Andreas Lindemann
Neutestamentliche Aussagen
zum Ort des Menschen 103

Friederike Nüssel
Die Kirche als Ort der Beheimatung der Glaubenden 141

Tobias Holischka
Örtlichkeit und Imagination. Was ist virtuelle Realität? 159

Autoren- und Herausgeberverzeichnis 175

Vorwort

Die profanen Orte von Menschen ziehen einer dynamischen Punktwolke gleich nicht nur über die ganze Erde, sondern auch durch die Geschichte der gesamten Menschheit. Die Suche nach einem oder gar dem Ort war zu allen Zeiten für Menschen Thema im Blick auf die Optimierung der eigenen Lebensumstände, der eigenen Sicherheit, des eigenen Glücks. Wirtschaftliche Erwägungen, kriegerische Auseinandersetzungen, klimatische Bedingungen und selbst Urlaubs- und Auszeiten: Menschen reagieren zu allen Zeiten mit der Suche nach einem guten, nach einem schönen und nach einem besseren Ort, und sei dieser auch nur vorübergehender Natur. In der Gegenwart erleben wir vor allem die Flüchtlingsströme infolge der kriegerischen Auseinandersetzungen im Nahen Osten und jüngst in der Ukraine, denen Menschen durch Ortsveränderungen auszuweichen versuchen. Wir erleben Menschen, die sich eine wirtschaftlich bessere Perspektive in einem anderen Staat versprechen und dafür bereit sind, ihre angestammte Heimat aufzugeben. Häufig genug ist es die reine äußere Not, zuweilen auch religiöse Verfolgung, die sie zu waghalsigen Reisen antreibt, meist nicht wissend oder ahnend, was sie erwarten wird. Die großen Auswanderungswellen nach Nord- und Südamerika und nach Australien in den vergangenen zwei Jahrhunderten aus Europa legen von den verschiedenen Motiven beredte Zeugnisse ab. Gegenwärtig erfahren wir Deutschland eher als Einwanderungsland, das (nach Angaben des Statistischen Bundesamtes) im zurückliegenden Jahr 2022 einen Zuzug von 2,7 Millionen Personen erlebte (netto 1,5 Millionen).

Diese wenigen Hinweise mögen genügen, um einen ersten Blick auf den Ort oder die Orte des Menschen zu motivieren. Sehr bald und bei genauerer Betrachtung stellt sich dann heraus, dass die Frage nach dem Ort des Menschen auch andere Dimensionen des Menschseins betrifft, die äußerlich zunächst weniger unmittelbar ins Auge springen mögen.

Bedürfen Menschen überhaupt eines Ortes, sind sie nicht ihr Leben lang Umherziehende, Nomaden gleichend, „heute hier, morgen dort", um eine bekannte Zeile zu zitieren? Und welches wäre denn gegebenenfalls ein solcher Ort für sie? Wäre es ein Ort vermeintlich permanenten Glücks an einem einsamen Traumstrand? Oder ein Ort in der Geborgenheit innerhalb einer vertrauten Gruppe, einer Familie, eines Clans? Eröffnet vielleicht erst eine geglückte innere Verortung eine konstruktive äußere Mobilität, und was wären denn gegebenenfalls solche inneren Orte und was tragen diese für unser Menschsein und unsere Zufriedenheit aus?

Bereits in der weitesten Perspektive des Planeten Erde als Ort des Menschen ergeben sich Aspekte, die die Erde als einen Ort der Dauer für den Menschen infrage stellen, zwar nicht jetzt unmittelbar, sondern vielleicht erst in vielen Millionen Jahren. Aber doch scheint bereits hier eine Grenze auf, die die Begrenztheit des Menschen in gewisser Weise spiegelt: Ein Ort für deutlich weniger als eine Ewigkeit! Dennoch, die Raumfahrt des Menschen in den Weltraum geschieht nicht und bleibt auch nicht ohne Reflexion und Bewusstwerdung der hohen Qualität der habitablen Ökosphäre für die Menschheit und verbindet sich auf diese Weise mit Gedanken zu deren Bewahrung, wohl wissend, dass sich der Weltraum als lebensfeindlicher präsentieren könnte, als zunächst vermutet.

Das Bewusstsein von Menschen von ihrer eigenen Endlichkeit angesichts eines unglaublich großen Kosmos führt in vielen Religionen und transzendenten Lebensanschauungen zu einer Verortung des ansonsten schwer Fassbaren in der materiellen Welt: „Heilige" Orte, selbst in unserer Zeit, an denen sich die unsichtbare Welt in der irdischen Welt lokal verankert und an denen eine Kommunikation zwischen beiden Welten als möglich geglaubt wird. Der Lebensvollzug im Angesicht Gottes mit all seinen Höhen und Tiefen, mit Vergebung und mit Erlösung sind biblische Themen, die durch Jahrtausende nichts von ihrer Aktualität verloren haben. Waren im Alten Testament das heilige Zelt und später der Tempel besondere Orte und Zentren göttlicher Gegenwart im Volk Israel, so wurden die spätere mehrmalige Vertreibung der Israeliten aus ihrem Land und die Wiederkehr in neuester Zeit vielfach als Strafe und Gnade Gottes gedeutet. Der Zionismus ist daher für die Beteiligten eine Geschichte des wiedergefundenen oder des wiederzugewiesenen

Ortes. Für die neutestamentliche Gemeinde dagegen sind der Weg in die Welt und das Verlassen des angestammten Ortes geradezu Programm: „Gehet hin ..."! Mit der Verleihung des Heiligen Geistes entfiel nicht nur die Lokalisierung des einen heiligen Ortes in Jerusalem, sondern durch das göttliche Versprechen: „Ich bin bei euch alle Tage ..." wird jeder Ort zu einem möglichen Ort der Verbindung zwischen Gott und Mensch. Auf diese Weise und mit der Bildung von Gemeinden und Kirchen realisierte sich die neue Perspektive eines wandernden Gottesvolkes, für dessen Mitglieder jeder Ort auf der Erde ein Ort im Angesicht Gottes wird.

Neben den transzendenten Bezügen von Orten ist auch die innerweltliche Sozialstruktur von immenser Bedeutung, denn auch durch intensives gedeihliches Zusammenleben, etwa in der Familie oder im Clan, erlebt ein Mensch eine innere Verortung. Durch solche Erfahrungen und durch solchen Glauben werden die Idee und das Empfinden gestärkt, die Erde und – genauer – die lokale Landschaft auf ihr und die vertraute Gruppe in ihr kann zusammen mit den lokalisierten transzendenten Bezügen einen Menschen so verorten, dass ihm der Ort zur Heimat wird: ein Ort, an dem er Glück empfindet, an dem er sein darf und möglicherweise auch sein soll.

In profaner Hinsicht werden Orte relativer Zufriedenheit Menschen in unserer Gesellschaft in vielfältiger Weise und bereits aus wirtschaftlichen Erwägungen angeboten. Der wirtschaftliche Blickwinkel muss kein Nachteil sein, da doch der Arbeiter seines Lohnes wert sein soll, und es hilft naturgemäß der Wirtschaft und dem Gemeinwesen, wenn für die Befriedigung menschlicher Bedürfnisse und Wünsche eben auch bezahlt wird. Insofern erforschen Analysten ständig die aktuellen Orte der Kunden ihrer Dienstleistungssparten und versuchen, sie dort abzuholen, wo sie sich momentan befinden. Dies ist eine Dienstleistung ganz eigener Art, die dem Kunden zumeist verborgen bleibt, zuweilen auch verborgen bleiben soll, insbesondere dann, wenn man den Kunden durch ein vertieftes Verständnis seiner Bedürfnisse an einen solchen Ort zu bewegen hofft, an dem man sich von ihm einen wirtschaftlichen Vorteil verspricht.

Ein inzwischen intensiv genutztes Mittel zu solchem Vorgehen stellen die vielfältigen Daten bereit, die sekündlich und im

Hintergrund von unseren Smartphones abgegriffen werden und die es erlauben, sowohl unsere äußere wie auch (zumindest zum Teil), unsere innere Verortung zu analysieren. Die IT-Technologie hat ganz nebenbei ebenso eine völlig neue und bislang unbekannte virtuelle Realität erzeugt – und damit Orte, die Menschen für sich entdecken und innerhalb derer sie im Rahmen fast aller ihrer Aktivitäten agieren können und dies in immer größerem Umfang und auch weltweit tun. Die tablet- und smartphone„bewaffnete" IT-Gesellschaft ist damit zu einem global verfügbaren virtuellen Ort geworden, der eine Lokalisierung des Menschen, sein Erscheinen an einem konkreten Ort, nicht mehr zwingend erfordert. Die Videokonferenzen während der Zeit der vergangenen Pandemie stehen uns allen als Beispiel vor Augen. Mithilfe dieser Technologie haben wir das Spektrum möglicher für Menschen verfügbarer Orte auf dieser Welt potenziert. Ob diese Verfügbarkeit auf Dauer uns zum Vorteil gereicht, wird sich auch angesichts der aktuellen Debatte um ChatGPT allerdings noch zeigen müssen.

Die Rede vom Ort des Menschen stellt sich im Hinblick auf die Fülle möglicher Aspekte als ein schier unerschöpfliches Thema vor, von dem während der 149. Tagung der Evangelischen Forschungsakademie vom 6. bis 8. Januar 2023 in Berlin in Reflexionen und intensiven Diskussionen aus Kapazitätsgründen nur einige Facetten entfaltet werden konnten. Doch hoffen die Herausgeber, dass in der Zusammenschau in diesem Tagungsband die hohe Bedeutung sichtbar wird, die die als recht empfundenen äußeren und inneren Orte des Menschen für sein gelingendes Leben und für seine Zufriedenheit haben.

An dieser Stelle sei nochmals allen an der Organisation der Tagung beteiligten Personen gedankt, insbesondere den Autoren für die Bereitstellung ihrer Beiträge, sowie Frau Olivia Syrowatka (Detmold) für das Erstellen des Layouts.

Alfred Krabbe für die Herausgeber

Johann Hinrich Claussen

Religiöse Orte – Entdeckungen und Irritationen

1. Einleitung

Auch wenn es auf Protestanten befremdlich wirken mag: Das religiöse Leben hat immer auch mit den besonderen Orten zu tun. Wer sie aufsucht und untersucht, kann viel Neues über andere, aber auch über die eigene Religion erfahren. In einer Zeit zunehmender Ortlosigket und einer rasanten Verschiebung auch des geistigen Lebens ins Digitale ist es sinnvoll, sich an diese Ortsgebundenheit zu erinnern. Dabei helfen besonders Orte, die auf den ersten Blick seltsam wirken, in ein neues Nachdenken über das Religiöse zu kommen.

Die Welt ist voller Religion, ob es einem gefällt oder nicht. Man muss sich nur neugierig umschauen. Der westeuropäische Blick ist allzu oft gefangen in der Vorstellung, dass es gegenwärtig nur religiöse Traditionsabbrüche und kirchliche Bedeutungsverluste zu verzeichnen gäbe. Wohin er sieht, kann er bloß Säkularisierung erkennen. Doch dies ist nur ein Aspekt des ganzen Bildes. Man sollte sich deshalb aufmachen und in anderen Weltgegenden umtun. Es dürften einem die Augen übergehen vor all der vielen, vielen Religion, die einem anderswo begegnet. Das ist zum Staunen, manchmal auch zum Erschrecken. Wer aber in der Ferne seinen Sinn für Religion erweitert und geschärft hat, der sollte sich von neuem auch zu Hause umtun. Denn dort wartet manche religiöse Überraschung auf ihn. Religion ist und bleibt ein Menschheitsthema, in all ihren Zwiespältigkeiten.

Deshalb habe ich das Buch „Die seltsamsten Orte der Religionen. Von versteckten Kirchen, magischen Bäumen und verbotenen Schreinen" (2020) geschrieben. Darin erkunde ich fast vierzig befremdliche und zum theologischen Nachdenken anregende Orte.

Dabei habe ich jedem fernen Ort einen nahen Ort aus Deutschland beigesellt, um die Leser anzuregen, im eigenen Umfeld nach religiösen Orten Ausschau zu halten. Man muss nicht bis ans Ende der Welt fahren, um dem Heiligen zu begegnen.
Hier nun präsentiere ich drei dieser seltsamen Orte, zu denen ich selbst einen persönlichen Bezug habe.

2. Vallecito, Argentinien

Es ist sehr lange her, aber die Erinnerungsbilder stehen immer noch lebendig vor meinem inneren Auge: Haufen von Wasserflaschen an Parkplätzen und Straßenrändern. In der Weite und Leere der argentinischen Landschaft sah ich oft diese Flaschen, ein bisschen schmutzig, das Wasser darin schon leicht bräunlich. Als deutscher, in säuberlicher Müllentsorgung geübter Gast konnte ich zunächst nur eine Umweltverschmutzung erkennen. Aber dann lernte ich die Geschichte der Difunta Correa kennen. Ich entdeckte die vielen kleinen Schreine am Wegesrand, mir begegneten an ungezählten Lastwagen ihr Namenszug und ihr Bild: eine auf dem Rücken liegende, junge Frau mit geschlossenen Augen und einem Säugling an der Brust.

Überall waren diese Flaschen zu sehen, aber ich konnte mit niemandem über sie sprechen. Denn diejenigen, die sie an den Wegesrand stellten, schienen einer anderen Welt anzugehören als der, zu der ich damals einen Zugang hatte: der Welt der deutschstämmigen, protestantischen Bauern und Bürger. Auch jetzt, als ich mich nach vielen Jahren wieder mit der Difunta Correa beschäftigte, konnten mir meine deutsch-argentinischen Freunde nichts über sie sagen. Natürlich kannten sie alle diese Flaschen, aber selbst hatten sie noch nie mit einem derjenigen Menschen gesprochen, die sie mit Wasser füllten und einzeln oder in Haufen ablegten. Auch war keiner von ihnen je in Vallecito gewesen, dem zentralen Heiligtum der Difunta Correa, im wüstenhaften Nordwesten des Landes, gleich neben der Provinzhauptstadt San Juan. Es war, als ob eine gläserne Mauer uns von diesem seltsamen Kult trennte, der in Argentinien vor allem von Lastwagenfahrern und armen Menschen gepflegt wird.

Dieser Kult gründet auf einer Legende. Es war im Jahr 1841, in Argentinien herrschte ein elend langer, zäher Bürgerkrieg, da verließ eine junge Frau namens María Antonia Deolinda y Correa fluchtartig ihr Heimatdorf im fernen Nordwesten. Ihr Mann war verschleppt und zwangsrekrutiert worden. In Sorge um ihn und aus Angst, vom örtlichen Machthaber zur Geliebten gemacht zu werden, eilte sie ihm nach, hinein in die Wüste. Sie hatte keine Zeit gehabt oder einfach nicht daran gedacht, Proviant oder vor allem Wasser mitzunehmen. Nur das gemeinsame, erst vor Kurzem geborene Kind trug sie auf ihren Armen. Der unerbittlichen Hitze war sie wehrlos ausgeliefert. Nach wenigen Tagen war sie so furchtbar erschöpft, dass sie sich unter einen Baum legte und verdurstete. Einige Tage später entdeckten Hirten sie und das Kind. Die Mutter war tot – aber das Kind, es lebte noch! Es lag an der Brust seiner Mutter und trank deren Milch. Über ihren Tod hinaus hatte die Difunta Correa, die „verstorbene Correa", ihr Kind gestillt. Bei einem Hügel, gleich in der Nähe, in Vallecito, dem „kleinen Tal", begruben die Gauchos die tote Frau. Nur ein einfaches Holzkreuz schmückte ihr Grab. Das gerettete Kind aber nahmen sie mit hinaus aus der Wüste und erzählten allen von dem Wunder, das sie erfahren hatten.

Wie es mit diesem Kind oder seinem Vater weiterging, erzählt die Legende nicht mehr. Denn viel wichtiger waren andere Wunder, die die Difunta Correa nach ihrem Tod bewirkte. Sie führte Gauchos zu Tieren, die sie verloren hatten, und half Bauern in Not. So wurde sie zur Patronin der armen argentinischen Landbevölkerung. Bei welchem Unglück auch immer, riefen sie zur Difunta Correa und baten sie um Hilfe. Mit Gebeten wie diesem: „O liebenswürdige Frau, Difunta Correa, hervorragende Beschützerin derer, die leiden und weinen, wir bitten dich, nimm unser flehentliches Gebet gnädig an. Durch die Vermittlung unseres Herrn Jesus Christus gewähre uns die Gnade, um die wir dich bitten! Ich vereinige mich mit dir und flehe: Gegrüßet seist du, Maria, voll der Gnade ..."

Doch umsonst gibt die Difunta Correa nichts, das wissen ihre Anhänger genau. Sie erwartet Gegengaben, zum Beispiel eben Flaschen mit Wasser am Wegesrand. Nach größeren Gnadenerweisen hat man sie zu besuchen. So wurde mit der Zeit Vallecito zu einem sehr beliebten Wallfahrtsort. Man nennt es auch „das argentinische

Mekka" – jeder Argentinier, zumindest wenn er katholisch geprägt ist, sollte es in seinem Leben einmal besucht haben. Zu Ostern, in der „Heiligen Woche", kommen Hunderttausende in die heiße, trockene Menschenleere von San Juan. Über das Jahr sollen es eine Million Besucher sein. Sie alle haben die Difunta Correa um etwas gebeten, ihr Wunsch wurde erfüllt, nun kommen sie, um ihr Versprechen einzulösen und eine Gegengabe zu bringen. Sie besteigen den Hügel, der über und über mit kleinen Schreinen bedeckt ist, hinauf zu ihrer Kapelle. Manche quälen sich die 70 Stufen auf den Knien empor. Einige, deren Verhältnis zur Wundertäterin besonders innig sein muss, robben sich verkehrt herum, nämlich auf dem Rücken und mit einem kleinen Kind auf ihrem Bauch nach oben.

In der wichtigsten der insgesamt 17 Kapellen liegt die Difunta Correa: eine große, bunt bemalte Gipsfigur mit einem Säugling an der nackten Brust. Die Wände sind übersät mit kleinen Dankestafeln, Fotos von geheilten oder beschenkten Menschen und Plastikblumen. Unter Tränen, gerührt und andächtig streicheln die Verehrer – Männer, Frauen, Alte und Junge – ihre Nothelferin, küssen sie, geben ihr kleine Schlucke Wasser zu trinken, bekreuzigen sich anschließend oder auch nicht.

Die übrigen Kapellen sind unterschiedlichen Anliegen gewidmet. Besonders bedeutsam ist die Auto-Kapelle. Denn die Difunta Correa gilt, obwohl sie eigentlich für alles zuständig ist, insbesondere als Patronin der Reisenden und speziell der Lastwagenfahrer. Das ist natürlich in ihrer Geschichte begründet, aber auch in der Tatsache, dass man „Difunta Correa" heute zudem mit „gerissener Keilriemen" übersetzen kann. Vallecito gleicht einem Autofriedhof. Als Votivgaben werden Autokennzeichen, Felgen und ganze Wagen herangebracht, aber auch Motorräder und Fahrräder in Mengen. Wer die Difunta Correa erfolgreich um ein eigenes Haus gebeten hat, stiftet ihr eines der vielen Modelle aus Holz. Wem ein Hochzeitswunsch in Erfüllung ging, schenkt ein Brautkleid und hängt es in die dafür vorgesehene Kapelle. Sie wirkt deshalb mehr wie ein unaufgeräumtes Lager denn wie ein Andachtsraum, ebenso wie die mit alten Uniformen vollgestopfte Kapelle der Polizisten und Sicherheitsleute. Eine andere Kapelle ist mit Schulzeugnissen bepflastert, eine andere quillt von Fußballtrikots, Boxhandschuhen und Sportpokalen über. Und wohin man in Vallecito schaut, hängen Plaketten für eine gewährte Genesung, die Rettung aus einem Unfall oder die endlich eingetroffene Rente. Hinter jeder dieser Tafeln, dieser Gaben steht ein Menschenschicksal aus Verzweiflung, Schmerz, Angst, Hoffnung, Heilung und Glück. Das ergibt einen seltsamen Effekt: Hier die Leere und Dürre der Landschaft, dort die Überfülle des Dankes.

Die Difunta Correa wendet sich denen, die zu ihr beten, einzeln zu. Ohne Institution. Regelmäßig aber werden diese zu einer Gemeinschaft. Zu Ostern oder am Nationaltag der Lastwagenfahrer – fast jede Berufsgruppe in Argentinien hat solch einen eigenen Feiertag – kommen sie in großer Zahl in Vallecito zusammen. In der Kirche wird eine Messe gefeiert und nach draußen übertragen, rote Bänder mit ihrem Namen werden verteilt, Folklore-Musik mit Liedern über sie erklingt aus ungezählten Lautsprechern, auf großen Feuern werden erstaunliche Fleischmengen gegrillt – das typisch argentinische „Asado" –, es gibt Autokorsos und Miss-Wahlen. Alles zusammen ergibt das eine spontane, fröhliche Gemeinde der Armen.

Wie wird es mit der Difunta Correa weitergehen? Die Säkularisierung gewinnt auch in Argentinien an Wucht. Zudem werden hier, wie überall in Südamerika, evangelikale Freikirchen immer stärker, die in diesem volkstümlichen Kult nur eine unreine Mischung aus Katholizismus und Heidentum erkennen können und ihn bekämpfen. Andererseits werden die Armen und Hoffnungslosen in Argentinien nicht weniger.

Wiederkehr des vermeintlich Überwundenen: Europäischer Reliquien- und Heiligenkult. Gilda, Gauchito Gil, Maradonna, Messi.

3. Belmonte, Portugal – wo sich die letzten (iberischen) Juden versteckten

Durch die Leere Nordportugals, dicht an der Grenze zu Spanien, führt eine lange, windungsreiche Straße hinauf nach Belmonte – dem schönen Berg. Oben angekommen, kann man weit über das still daliegende Land schauen, das im Sommer einer mächtigen Hitze, im Winter langer Kälte ausgesetzt ist. Der Weg in den kleinen, uralten Bergort führt an einer verwitterten Burg mit einem mächtigen Wehrturm vorbei, aus groben Steinen fein zusammengefügt.

Die nächste Gasse führt in das Dorf hinein, eng zwischen den niedrigen Häusern aus dunkelgrauem Stein hindurch, zu den wenigen Läden und Gaststätten am zentralen Platz. Dies hier scheint ein ganz normales, abgelegenes Provinzörtchen zu sein. Wären da nicht diese an einige Hauswände geritzten, hebräischen Schriftzeichen – seltsam, hier im doch so katholischen Nordportugal. Aber sie sind sehr alt und zeigen an, dass Belmonte anders ist als alle Nachbarortschaften. Denn hier lebten und leben Marranen.

Ein halbes Jahrtausend ist es her, dass Juden aus Spanien in diese Gegend geflohen sind. Nachdem die allerkatholischsten Könige die Rückeroberung ihres Reiches abgeschlossen hatten, zwangen sie 1492 Juden und Muslime zur Taufe oder trieben sie außer Landes. Ebenso ängstlich wie grausam waren sie um „Reinheit der Lehre und des Blutes" besorgt. Wer sich taufen ließ, um bleiben zu dürfen, stand fortan unter verschärfter Beobachtung der Inquisition. Viele Juden flohen deshalb in den Norden Europas, einige aber gingen über die Grenze nach Portugal. Doch auch dort setzten bald Verfolgungen ein. Wirtschaftlich und wissenschaftlich konnte sich Portugal eine Vertreibung der Juden eigentlich nicht leisten. Denn als Kaufleute, Bankiers, aber auch als Mathematiker, Kartographen und Astronomen waren viele von ihnen für die junge Kolonialmacht unentbehrlich. Einer der wichtigsten „Entdecker", Pedro Alvarez Cabral, der als erster Brasilien erreichte und zum portugiesischen Besitz erklärte, stammte übrigens aus Belmonte. Seiner Familie gehörte die Burg. Ein Denkmal erinnert hier an ihn.

Auf dem schönen Berg konnten die bedrängten Juden sich niederlassen und überleben: als Selbstversorger in unwegsamem, abgelegenem Gelände, auf armem, steinigem Grund und Boden, mit den langen Wintern und höllischen Sommern, dafür vergleichsweise unbeobachtet von den Mächtigen in den fernen Städten, mit einem unverstellten Blick von der Höhe auf das weite Land und möglicherweise unerwünschten Besuch der Obrigkeit. Nach außen hin verhielten die Zugewanderten sich loyal zu der Kirche, in die sie hineingetauft waren. Für sich aber blieben sie der Religion ihrer Mütter und Väter, ihren Geschichten, Gebeten und Geboten, treu.

Da „Marrane" ursprünglich ein Schimpfwort war, nennt man sie auch „Krypto-Juden". Zum Schein waren sie katholisch geworden, in Wahrheit blieben sie jüdisch. Das gelang ihnen auch deshalb, weil sie nur untereinander heirateten. Ein halbes Jahrtausend lang haben sie sich in Belmonte gehalten und ihre Religion bewahrt. Noch heute leben Juden in Belmonte, nur müssen sie sich nicht mehr verstecken oder als Katholiken ausgeben. 1989, als in Nordosteuropa die Mauern fielen, wurden sie hier endlich als eigenständige Religionsgemeinschaft anerkannt, nach fünfhundert Jahren. 1996 bekamen sie mit Hilfe von jüdischen Organisationen aus dem Ausland eine eigene Synagoge, ein öffentlich sichtbares Haus für die eigene Glaubensgemeinschaft. Es ist einer der wenigen Neubauten des Ortes, ein freundlich wirkender Bau, weiß getüncht im Unterschied zu den Feldsteinhäusern ringsherum. Seither stehen nicht nur katholische Kirchen in Belmonte. Inzwischen gibt es auch ein Museum über die besondere Geschichte der Juden in Belmonte – ein kleines Haus, aber das einzige seiner Art in Portugal.

Und jetzt, da ihr Leben im Schatten ein Ende gefunden hat, stellt sich die Frage nach ihrer Zukunft mit einer ganz neuen Dringlichkeit. Viele, vor allem junge Menschen, verlassen seit Jahren die ländlichen Regionen Nordportugals. Diese Landflucht wird auch die jüdische Gemeinde von Belmonte nicht unberührt lassen, denn jetzt steht ihren Mitgliedern ja die Welt offen. Sie könnten nach Lissabon oder Porto, die großen Küstenstädte im Westen, ziehen, über das Meer fahren oder aber die nahegelegene Grenze im Osten überschreiten und nach Spanien, in die Heimat ihrer Vorfahren reisen.

4. Mauna Kea, Hawaii – der Kampf um einen heiligen Berg

Nicht der Mount Everest ist der höchste Berg der Erde, sondern der Vulkan Mauna Kea auf Hawaii. Zwar erhebt er sich nur 4.200 Meter über die Oberfläche des Pazifischen Ozeans. Rechnet man aber den Teil hinzu, der unter dem Meer liegt und 6.000 Meter misst, dann überragt er mit 10.200 Metern Gesamthöhe den viel bekannteren, höchsten Gipfel des Himalaya um ganze 1.400 Meter. Doch der Mauna Kea ist nicht nur sehr hoch. Er ist zudem wunderschön, wie er die kleine Insel krönt, erhaben und einsam weit über das unendliche Meer schaut. Er ist aber auch heilig, ein Ort des Gebets und der Begegnung zwischen Lebenden und Toten, Menschen und Göttern. Diese Heiligkeit von alters her hat jedoch seit wenigen Jahren eine ganz neue Bedeutung, Gestalt, Dringlichkeit und Schärfe gewonnen.

Denn es ist geplant, auf dem Mauna Kea das größte Teleskop der Welt zu errichten. Das „Thirty Meter Telescope" soll Daten und Erkenntnisse über das Universum liefern, die mit bisherigen Instrumenten unerreichbar wären. Es ist deshalb ein wissenschaftliches Projekt von weltweiter Bedeutung. Nicht nur die USA beteiligen sich daran, sondern auch Forscher und Institutionen aus anderen Großmächten wie China, Japan oder Indien. Bisher gibt es nur Entwürfe und Visualisierungen dieses epochalen Instruments. Aber auch für Laien ist offensichtlich, welch immenses Ausmaß dieses futuristische Monument annehmen wird: Es soll die Höhe eines Hauses mit 18 Stockwerken erreichen. Nach einem langen und komplizierten Auswahlverfahren wurde der Mauna Kea als der geeignetste Ort für das TMT ausgewählt: Er ist ausreichend hoch und so abgelegen, dass keine Licht- oder Luftverschmutzung den Blick in den Himmel trübt. Eigentlich sollte nach Planungen, die bis in die 1980er Jahre zurückreichen, der Bau des TMT 2020 begonnen und 2027 abgeschlossen werden. Aber ob es je dazu kommt?

Gegen das TMT richtet sich eine überraschend starke und erstaunlich religiöse Protestbewegung. Zwar wurde das Vorhaben nach langen Vorbereitungen, ökologischen Untersuchungen, juristischen Klärungen und Bürgerbeteiligungen 2013 endlich genehmigt. Doch konnte dies nicht verhindern, dass sich massiver Widerstand regte. So kam es am 7. Oktober 2014 zu einer denkwürdigen Begebenheit. Am Mauna Kea sollte der Spatenstich für das TMT begangen werden. Unter freiem Himmel hatte ein Fernsehteam Position bezogen, ein Rednerpult und Klappstühle waren aufgestellt worden, Astronomen aus aller Welt – in wetterfester Kleidung und mit Blätterkränzen über ihren Anoraks – hatten Platz genommen, als plötzlich ein junger Hawaiianer – barfuß, nur mit einem Lendenschurz und einem Umhang bekleidet, traditionellem

Schmuck auf der nackten Brust und an den Armen – die Zeremonie störte. Auf Hawaiianisch und Englisch wies er die Ehrengäste scharf zurecht – „Wie Schlangen seid ihr!" – und forderte Respekt für den heiligen Berg und den Protest der Einheimischen ein: „Unsere Welt stirbt! Was für eine Schande!" Sichtbar peinlich berührt, ließen die Gäste dies über sich ergehen. Sie fanden keine Worte, um dem jungen Mann zu antworten. Sein bemerkenswerter Auftritt wurde gefilmt, der Clip ungezählte Mal angeschaut und geteilt. Es blieb nicht die einzige Aufsehen erregende Beschämungsaktion. Wieder und wieder werden Zugangsstraßen blockiert und Baumaßnahmen behindert. In Pu'u Huluhulu, auf dem Hochplateau zwischen Mauna Kea und dem Nachbarberg Mauna Loam, wurde eine Zeltstadt der Bergschützer errichtet. Deren Proteste sind stets friedlich. Sie können auf Gewalt verzichten, weil sie viel wirkungsvollere Instrumente besitzen: religiöse Traditionen und Praktiken. Die Aktivisten begrüßen einander mit dem traditionellen Gruß, in dem sie Stirn an Stirn und Nase an Nase legen, sie singen und tanzen, schichten Schreine („Ahu") auf und schmücken sie, bilden Menschenketten und formen – wie man es von US-amerikanischen Evangelikalen kennt – kleine Gebetskreise. Um Verhaftungen und Räumungen zu verhindern, überreichen sie den Polizisten Blumenketten als Zeichen des Friedens. Nur mit Worten gehen sie die Verantwortlichen und Ordnungshüter an, appellieren an deren Sinn für Respekt und Pietät, beschwören die Heiligkeit ihres Berges. Dabei verbinden sie Schärfe und Verletzlichkeit, tun nicht nur ihren Zorn, sondern auch ihre Trauer kund, oft brechen sie mitten während ihrer heftigen Anklagen in Tränen aus. So überwinden sie ihre bewaffneten Gegner, indem sie sie beschämen. Dabei werden die Kontrahenten sich wahrscheinlich sehr häufig persönlich kennen. Hawaii ist ja eine kleine Insel.

Verblüffend mag für die Außenstehenden das junge Alter der meisten Aktivisten sein. In der ersten Reihe stehen zwar oft alte hawaiianische Frauen und Männer, auch um die Polizei von massiven Maßnahmen abzuhalten. Doch das Gros der Protestierenden dürfte zwischen 20 und 35 Jahren alt sein. Das hat viele Gründe. Einer besteht darin, dass die Jüngeren oft genauer über die einheimischen Traditionen Bescheid wissen und die Sprache Hawaiis besser sprechen als ihre Eltern und Großeltern. Das verdankt sich einer grundlegend veränderten Schulbildung. 1895 hatten US-Kolonisatoren die Sprache der Einheimischen verboten. Deren Kultur wurde ins Abseits gedrängt. Es hat sehr lange gedauert, bis diese einen angemessenen Platz in den Schulen erhielt. Seither aber wissen die Jüngeren deutlich besser über die ursprüngliche einheimische Religion Hawaiis und ihre Rituale Bescheid, können sie politisch einsetzen und kreativ fortschreiben.

Dabei hilft ihnen als „digital natives", dass sie ganz anders als die Älteren wissen, wie man Botschaften in sozialen Netzwerken verbreitet. Hinzu kommt, dass es im Unterschied zur Zeit der ersten Proteste inzwischen professionelle einheimische Medien, vor allem hawaiianische Fernsehprogramme, gibt. Die jungen Widerstandskämpfer wissen um die Wirksamkeit der Bilder, die sie schaffen und verbreiten, und nutzen dies für ihren Kampf.

Doch im Gegensatz zur „Generation Greta" »Klimareligion«, die in Nordamerika und Westeuropa für Aufsehen sorgt und mit der sie ansonsten viel verbindet, geben sie ihrem Engagement eine deutlich religiöse Gestalt. Obwohl, dies ist nicht ganz angemessen formuliert. Viele der Aktivisten – die sich „Kia'i" nennen, also „protectors" und nicht „protestors" – bezeichnen ihre Symbolhandlungen selbst nicht als „religious", sondern eher als „traditional", „cultural" oder „spiritual". Einige von ihnen würden vielleicht von sich behaupten, nicht gläubig zu sein, dennoch sprechen sie als Teil ihres gewaltlosen Widerstands alte Gebete. Ihr Gefühl für die Heiligkeit des Mauna Kea ist – wie „religiös" auch immer sie sich verstehen – unbedingt. Deshalb hat ihr Engagement eine seltsam religiöse Bedeutung. Es will die Heiligkeit des Berges schützen und schafft zugleich für den Moment des spirituellen Widerstands, des Betens und Singens, neue heilige Orte auf Zeit oder im Fall eines Ahu auf Dauer.

Die Heiligkeit des Berges: Dieser ist für viele Hawaiianer „sacred", also von höchster religiöser Bedeutung, und sollte dem verwertenden Zugriff des Menschen entzogen sein. Er gilt ihnen als tabu. Das Tabu – auf Hawaiianisch „kapu" – hat in den Religionen der Südsee eine lange Tradition. Ursprünglich bezeichnete es etwas, das nicht getan oder berührt werden darf, weil es heilig ist: Diese Heiligkeit ist durchaus bedrohlich, denn in ihr wirken Kräfte, die Unheil bringen, wenn man ihnen zu nahe kommt. Im heutigen

Kampf um den Mauna Kea jedoch scheinen „sacred" und „kapu" eine andere Bedeutung anzunehmen. Sie bezeichnen nicht mehr etwas, das elementare Angst weckt und vor dem man Scheu oder gar Abscheu empfindet, sondern im Gegenteil etwas, das unbedingt wertvoll und liebenswert, allerdings auch schwach und bedroht ist. Als bedrohlich wird nicht mehr das Heilige, sondern der moderne Mensch erlebt.

Doch ist es nicht allein der heilige Berg an sich, der geschützt werden soll, sondern immer auch die Religion und Kultur, die sich mit ihm verbunden hat. Es geht in diesem Konflikt also nicht zuletzt um die Rechte der Einheimischen. Gegenwärtig kämpfen viele „native people" überall auf der Erde mit neuer Wucht und manchmal auch mit Erfolg für ihre Rechte, ihr Land, ihre Kultur, ihre Religion. In den USA wehren sich „First Nations" gegen Ölbohrungen oder Ölleitungen auf ihren Gebieten. In Australien konnten die Aborigines einen Sieg über den Massentourismus erringen: Ihr heiliger Berg, der Uluru (auf Englisch: „Ayers Rock"), wurde für Besucher gesperrt. In Europa und Nordamerika werden Museen mit der Frage konfrontiert, wann sie unrechtmäßig erworbene Kultgegenstände sowie menschliche Gebeine aus ehemaligen Kolonialgebieten zurückgeben. Der Kampf gegen das TMT auf dem Mauna Kea ist also Teil einer weltweiten, in sich sehr vielschichtigen Bewegung, die sich immer intensiver vernetzt, einer Art indigener Gegen-Globalisierung. Im postkolonialen Kampf der Hawaiianer und ihrer Unterstützer weltweit verbinden sich Umweltschutz und politische Emanzipation mit Religion. Denn eines der wirksamsten Argumente der Aktivisten ist der Hinweis auf die Heiligkeit ihres Berges. Interessant ist dabei, wie sich das Religiöse im Widerstand durchsetzt und verändert. Wie jede Religion nimmt auch die Verehrung des heiligen Berges durch die Kia'i in der Gegenwart neue Bedeutungen und Formen an. Gerade Konflikte sind ja häufig religionsproduktiv. In der Auseinandersetzung mit anderen stellt man seine auch religiöse Identität vor, macht sie sich dabei allererst bewusst, nimmt sie überhaupt an, entwickelt sie fort – vor allem, wenn sie von anderen bedroht wird. Deshalb kann man nicht einfach sagen, dass die Protestierenden die hawaiianische Religion benutzen würden, um moralischen und politischen Druck auszuüben. Eher ist es so, dass sie sich selbst im Protest auf neue Weise als religiös erleben. Dabei erfahren sie eine überraschende, erregende Umkehrung der Werte. Denn gerade das, was früher von westeuropäischen und nordamerikanischen Kolonisatoren, Zivilisationsagenten, Missionaren, Lehrern und Wissenschaftlern als besonders verachtungswürdig eingestuft wurde, – ihre Religion –, erweist sich nun als besonders mächtig.

Inzwischen melden sich jüngere Astronomen selbstkritisch zu Wort. Der Streit um den fernen Mauna Kea hat die US-amerikanischen Universitäten erreicht und verbindet sich dort mit Generations- und Identitätskonflikten. In Santa Barbara, aber auch anderswo, gibt es Informations- und Protestveranstaltungen. Unter dem Titel „Protecting Mauna Kea" informieren Anführer der Einheimischen und „cultural practitioners", also Menschen, die die traditionellen – um nicht zu sagen: religiösen – Riten vollziehen, über die hawaiianische Widerstandsbewegung. In Yale haben Mitarbeiter des Native American Cultural Center sowie der hawaiianische Student Micah Clemens einen offenen Brief gegen die jahrzehntelange Nutzung der schon existierenden Teleskope am heiligen Berg durch das Astronomy Department verfasst.

Solche Vorwürfe möchten die Forscher, die einen wesentlichen Teil ihrer Lebensarbeitszeit in dieses Vorhaben investiert haben, jedoch nicht auf sich sitzen lassen. Allerdings äußern sie sich kaum öffentlich oder gar im Internet. Wahrscheinlich befürchten sie digitale Empörungswellen. Der Konflikt ist ja von asymmetrischen Machtverhältnissen geprägt: Die Astronomen besitzen eine erhebliche politische, finanzielle und administrative Verfügungsgewalt, doch die Aktivisten haben die moralische und kommunikative Macht auf ihrer Seite. Wenn Fachvertreter aber im kleinen Kreis von Gleichgesinnten über diesen Konflikt sprechen, ergibt sich ein ziemlich anderes Bild. Frustriert berichten sie, mit welch ehrlicher Mühe und welchem Zeitaufwand sie mit hawaiianischen Gruppen diskutiert hätten, um ein Einvernehmen zu erreichen. Ratlos und zugleich empört erzählen sie, wie sich auf einmal ein Protest erhoben habe, von dem sie immer noch recht nicht wüssten, woher er stamme. Mit welchem Recht würden diese selbsternannten Bergbeschützer die Kompromisse zerbrechen, die von beiden Seiten in einem aufwendigen, demokratisch und juristisch legitimierten Verfahren geschlossen worden seien? Sind hier nicht ideologisierte

Jugendliche und junge Erwachsene am Werk, die vermeintlich alte religiöse Traditionen bloß benutzen, um irrationale Ziele durchzusetzen? Betreiben sie nicht eigentlich eine „Identitätspolitik von links", die auf künstliche Weise „einheimisch" gegen „fremd", „traditionell" gegen „modern" setzt und dadurch zu einer Polarisierung führt, die sich in einem demokratischen Prozess nicht mehr auflösen lässt?

Wie immer die Sache ausgeht, es könnte sinnvoll sein, wenn die Astronomen – durch diesen Konflikt angestoßen – neu über sich selbst nachdenken: über ihr Auftreten, ihre politische Rolle, ihre gesellschaftliche Verantwortung. Nicht schaden könnte es, wenn sie sich dabei auch Gedanken über das Heilige machten – worin es für andere Menschen besteht, die von ihren Projekten betroffen sind, und – warum nicht? – ob es nicht auch für sie selbst eine Bedeutung besitzen könnte. Denn zum einen braucht auch die spätmoderne Wissenschaft ein Bewusstsein für die Grenzen des eigenen Tuns. Zum anderen könnte es doch sein, dass gerade die Astronomie, die zu den letzten Geheimnissen des Universums vorstoßen will, nicht eine restlose Entzauberung der Welt betreiben will, sondern dass auch ihr etwas heilig ist.

Alfred Krabbe

Der Ort der Erde im Weltraum

1. Der Ort

Wenn wir vom Ort der Erde reden, dann impliziert eine solche Perspektive einen Beobachter, der die Erde von außen als Körper betrachtet und sie in einen kosmischen Kontext stellt; Orte benötigen Kontexte. Für die Konstruktion eines solchen Kontextes muss zuvor der Weltraum[1] im Sinne des Beobachters geordnet sein, was wiederum Beobachtungen voraussetzt. Diese Verortung der Erde im Weltall[2] ist daher ein zutiefst anthropozentrischer Vorgang, denn ohne uns Menschen als nachdenkende Beobachter bliebe die Frage nach dem Ort der Erde im Weltraum ungestellt. Auch geht bereits der Versuch zur Bestimmung eines Ortes über das physikalisch Sagbare hinaus, denn physikalisch können wir nur über die Position der Erde im Weltall sprechen. Ein Ort dagegen hat dagegen auch den anthropogenen Horizont im Blick, dessen Parameterfeld deutlich umfangreicher ist als nur physikalisch fassbare Größen, denken wir etwa an die Verbindung zwischen Heimat und Ort.[3] Daher soll im Folgenden bei der Betrachtung des Ortes der Erde stets dessen räumliche Verortung im Blick behalten werden. Orte können in anderen Kontexten eben auch abstrakt definiert werden, etwa wenn es um den inneren Ort eines Menschen geht.[4]

---

[1] Unter *Weltraum* soll hier der physikalisch beobachtbare Raum außerhalb der Erde verstanden werden. Das Volumen dieses Raums nimmt gemäß dem gegenwärtigen kosmischen Standardmodell im Verlaufe der Zeit zu.
[2] Unter *Weltall* soll hier der Weltraum plus die Erde verstanden werden.
[3] Für eine nähere Bestimmung des Ortsbegriffs siehe den Beitrag von T. Holischka in diesem Band.
[4] Genauso können Menschen auch *Positionen* vertreten, die keineswegs räumlich gedacht werden müssen. Im Rahmen der Physik werden *Orte*

Wenn wir also nach dem Ort der Erde im Weltraum fragen, fragen wir danach, was für ein Ort die Erde für uns ist, welche Qualität dieser Ort für uns hat. Wir fragen danach, wie zuverlässig die Erde uns, der Menschheit, Heimat geben kann, wie sehr wir uns auf ihr Sosein verlassen können. Wir fragen ebenfalls danach, welchen Risiken die Erde ausgesetzt ist, Risiken, die sich etwa bereits aufgrund ihrer Teilhabe am Weltall als Himmelskörper ergeben. Wir bemerken sicherlich sogleich, dass ganz ähnliche Fragen ebenfalls im Rahmen des Nachdenkens über die künftige Entwicklung des Klimas auf der Erde gestellt werden, und in der Tat liegt die Frage nach dem Ort der Erde im Weltall sehr nahe bei der Frage nach dem kosmischen Klima: Was wird auf die Erde als Himmelskörper zukommen? Wie ist es um unsere kosmische Zukunft bestellt, genauer, um die der Erde?

Im Folgenden soll deshalb der Ort der Erde aus drei Perspektiven in den Blick genommen werden. Im nächsten Kapitel geht es vor allem um einen Blick auf die Wahrnehmung der Erde in historischen Zeiten, wobei dieser Blick im Kontext dieses Aufsatzes naturgemäß sehr begrenzt bleiben muss. Das darauffolgende Kapitel stellt die moderne Sicht auf die Erde dar, wie sie sich aus den Ergebnissen der neueren astronomischen Forschung ergibt. Das vierte Kapitel beschäftigt sich mit Fragen nach der künftigen Stabilität der Erde und anderen möglichen Gefahrenmomenten, denen die Erde als Himmelskörper ausgesetzt ist.

2. Die Erde als statischer Ort

Die Geschichte der Astronomie ist auch eine Geschichte darüber, wie die Erde den ihr zugedachten Ort im Kosmos[5] verlor – und mit ihr das kirchliche Abendland einen Teil seines überlieferten christlichen Selbstbildes. Genauer erzählt die Astronomie eine Ge-

---

    naturgemäß rein räumlich interpretiert, was der Terminologie (Position und Ort) in jenem Rahmen eine gewisse Unschärfe verleiht, etwa wenn von *Ortskoordinaten* die Rede ist.

[5] Die Definition des Begriffs Kosmos geht über die des Weltalls hinaus, indem Kosmos ebenso das subjektive Empfinden des Menschen, etwa für Schönheit und Wohlgestalt und auch für seinen Ort mit einschließt.

schichte darüber, wie viele gebildete und kirchennahe Menschen den Ort ihrer Erde zumindest vorübergehend einbüßten. Unser Bild von der Erde als Ort für uns hat sich im Laufe der vergangenen Jahrhunderte deutlich gewandelt. Die Erde ist für uns nicht mehr ein Ort in dem Sinne, wie wir in der Vergangenheit die Erde als Ort gesehen und wahrgenommen haben. Warum ist das so?

Befragen wir die Mathematik, so können wir einen räumlichen Ort durch die Angabe seiner Position beschreiben. Die Position kann man als einen Satz von Koordinaten angeben: Länge, Breite, Höhe. Auf diese Weise ist etwa die Lage unseres Berliner Konferenzraumes, unseres Ortes, durch die Koordinaten 52.5261 Grad nördliche Breite, 13.3632 Grad östliche Länge und 34 m über dem Meeresspiegel recht genau bestimmt. Dieser Ort ist wiederauffindbar. Wenn wir diese Koordinaten an eine Person senden, findet sie uns. Andere Beispiele sind etwa Geocaching oder eine Schatzkarte. Wenn ein Ort eine bestimmte Position hat, dann lässt er sich beschreiben, mathematisch bestimmen, in Koordinaten fassen und damit zeitunabhängig festlegen. Zumindest entspricht dies unserer gängigen Vorstellung.

Kann man auf diese Weise eine feste Position für die Erde angeben? Nicht auf diese Weise. Nicht mehr, seit wir die Umgebung der Erde kennen. Nicht mehr, seit Kopernikus die Erde auf eine quasi immerwährende Reise um die Sonne geschickt hat. Vor Kopernikus hatte die Erde für fast alle Menschen einen räumlich wohldefinierten Ort. Auch wenn bereits in der Antike, etwa bei Aristarchos von Samos, eine Vorstellung vom Planetensystem bekannt war, in der die Erde keinen ausgezeichneten räumlichen Ort mehr hatte, in dem ihre Position nicht mehr fixiert war.

Nun haben alle materiellen Körper oder auch Systeme von Körpern stets einen ausgezeichneten Punkt, den Schwerpunkt des Ensembles oder des Körpers. Bei symmetrischen und homogenen Körpern ist dies das geometrische Zentrum, die Mitte. Wenn Sie etwa an einen Ball denken, dann hat der Ball nur einen ausgezeichneten Punkt, und das ist sein Mittelpunkt, der zugleich sein Schwerpunkt ist. Ähnliches gilt für alle sphärischen Körper.

Und einen solchen Punkt hat auch die Erde. Wenn der Ort der Erde als der Mittelpunkt der Welt gedacht wird, ist der Schwerpunkt der Erde als physikalischer Mittelpunkt ein besonderer

Punkt: der Punkt, auf den sich alles konzentriert, der einzig mögliche ausgezeichnete Punkt der Erde und damit auch der Welt. Das etwa war Aristoteles' Welt und auch das Weltbild bis zum Mittelalter.

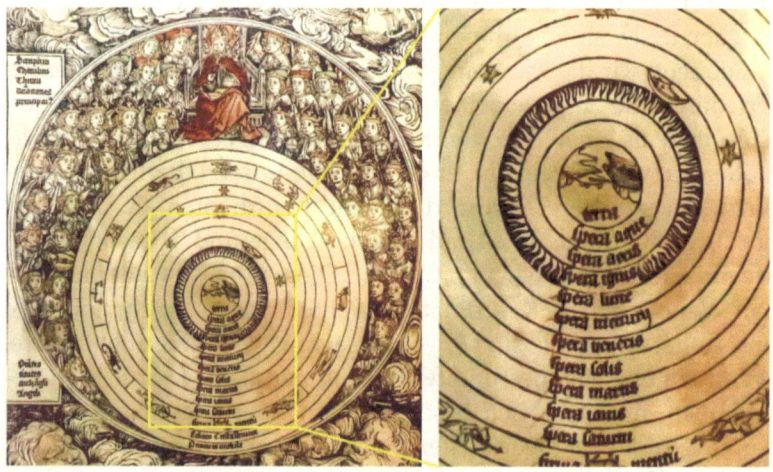

Bild 1. Darstellung eines geozentrischen Kosmos aus der Schedelschen Weltchronik um 1493. Rechts eine Ausschnittvergrößerung. Die ruhende Erde in der Mitte ist von zahlreichen Sphären umgeben: Wasser, Luft, Feuer, Mond, Merkur, Venus usw., bis man bei dem Tierkreis die Sphäre der Sterne erreicht. (Quelle: Wikipedia gemeinfrei)

Die Erde als Zentrum der Welt war damals der einzig mögliche denkbare feste Ort, an dem ein stabiles Koordinatensystem definiert werden konnte, welches dann alle anderen Orte bestimmte und einschloss. Und dies nicht nur im antiken Europa, auch in der islamischen Welt und etwa in China und anderen Kulturen. Dabei war es relativ unwichtig, ob die Erde als eine Kugel oder etwa als eine Scheibe gedacht wurde. Auch eine runde Scheibe hat nur einen ausgezeichneten Punkt: den geometrischen Mittelpunkt, der zugleich ihr Schwerpunkt ist.

Wir gehen davon aus, dass Aristoteles der Erde den Mittelpunkt seines Kosmos' zuwies, weil dies seinem Weltbild, seiner eigenen Weltsicht entsprach, die die Götter mit einschloss. Irgendwo musste ja alles seinen Platz, seinen Ort finden: Die Planeten, die

Sonne, die Sterne, der Mond, die Kometen und was sonst noch zwischen Himmel und Erde daherzog.
Bild 1 zeigt die Darstellung eines geozentrischen Kosmos. Die Darstellung verdeutlicht vor allem und eindrücklich das Verständnis damaliger Menschen vom Ort der Erde in ihrem eigenen Kosmos, der als Teil einer größeren Welt[6] gesehen wurde. Insofern formuliert das Bild eine theologische Aussage. Der Umstand, dass die Erde als Mittelpunkt der Schöpfung zugleich eine zentrale Position im Weltall einnimmt, wird man wohl als Konsequenz der theologischen Aussage betrachten müssen.

Ein weiterer Grund für die Konstruktion gerade eines solchen Weltbildes könnte aus der Notwendigkeit geboren sein, die Erde als Schöpfung in eine kosmische Ordnung einbringen zu müssen. Die Schöpfung bedarf einer ihr gemäßen Ordnung. Steht die Erde nicht im Mittelpunkt, ist möglicherweise die wohlgestaltete Ordnung dahin. Die Kosmologie hätte dann keine Fixpunkte mehr und die Erde liefe Gefahr, nur noch irgendwo zu sein, nicht mehr an einem bestimmten Ort; also ohne Ort und ohne Ordnung. Den Göttern des Aristoteles hätte ein solches Chaos möglicherweise nicht gefallen. Eine solche, bereits existierende Vorstellung in die damalige christliche Vorstellungswelt zu übernehmen, war gewiss ein leichtes Unterfangen, denn in der Bibel finden sich abgesehen von der Betonung, dass Himmel und Erde von Gott geschaffen wurden, nur wenige Hinweise auf die Struktur des Weltalls.[7]

Im Übergang vom geozentrischen zum heliozentrischen Kosmos ändert sich nicht nur unsere Anschauung des Weltalls. Auch unsere Vorstellungen von den Qualitäten des Schöpfers müssen sich anpassen, also unser Weltbild. Erst wenn der Schöpfer des ganzen Kosmos viel größer als die klassischen Götter gedacht wird, kann auch eine heliozentrische Welt noch eine göttlich geordnete Welt sein. Unsere Gott zugeschriebenen Attribute müssen daher zwangsläufig beim Übergang von einer geozentrischen zu einer heliozentrischen Weltsicht nochmals neu bedacht werden.

---

[6] *Welt* meint hier nicht nur den Kosmos sondern das ganze Sein, wie es eine Person für sich annimmt, einschließlich aller transzendenten Bezüge.

[7] Hiob 26,7 mag als Beispiel für einen solchen Hinweis gelten.

Die Erde ist durch Kopernikus zwar ihres Ortes verlustig gegangen, aber die Kosmologie wurde nicht ins Chaos gestürzt. Sie wurde vielmehr in einer neuen und viel umfassenderen Ordnung aufgehoben. Von dieser begeisterten Erkenntnis zeugen die Kommentare der frühen modernen Astronomen. Johannes Kepler etwa schreibt in seiner Weltharmonik:

Ich habe die Herrlichkeit Deiner Werke den Menschen, die meine Ausführungen lesen werden, geoffenbart, soviel von ihrem unendlichen Reichtum mein enger Verstand hat erfassen können.[8]

Es ist der unendliche Reichtum einer neuen Ordnung, von der hier die Rede ist. Was bedeutet das? Die Erde verlor ihren festen Ort und sie gewann dafür einen dynamischen Ort, der wiederum durch gegebene Naturgesetze stabil und reproduzierbar vorhergesagt werden konnte. Während also Aristoteles eine ruhende Erde benötigte, um seine Götterwelt in Einklang mit der Erde zu bringen, benötigt Kepler gottgegebene Gesetze, um die neu gefundene Dynamik der Erde in die veränderten kosmologischen Vorstellungen einbinden zu können. Mit den Keplerschen Gesetzen begann daher die moderne Kosmologie.

Die Begeisterung Keplers über die gottgegebenen Gesetze muss uns nicht verwundern. In der Methodik der modernen Wissenschaft lassen wir göttliche Einflüsse zwar unberücksichtigt, weil die Wissenschaft Gesetzmäßigkeiten sucht und anwendet, wobei die Frage nach der Ursache der Gesetze eher nicht thematisiert wird. Daher hindert uns nichts, einen göttlichen Ursprung solcher Gesetze anzunehmen, denn eine solche Annahme ändert die Methodik der Wissenschaft nicht, obwohl sie möglicherweise die Art und Weise beeinflussen mag, wie wir Fragen an die Natur stellen. Auf diese Weise ist Keplers Lobeshymne als Bekenntnis mit wissenschaftlicher Arbeit verträglich.

Stellen wir also nun die Frage neu: Worin besteht die Dynamik der Erde als Ort? Die aristotelische Erde war fest und zeitlos unbewegt, jedenfalls, solange die Götter nichts anderes beschlössen. Die Erde mag sogar als ein ewig ruhender Ort gedacht worden sein, als ein Ort, der niemals vergeht und der in einer ewigen kosmischen Ordnung zeitlos existiert. Der Ort der dynamischen Erde dagegen

---

[8] Kepler 1967, S. 350

benötigt die Zeit als vierten Parameter. Die dynamische Erde verbindet Zeit und Raum untrennbar in eine kosmische Bewegungs-Ordnung.

Die engen Beziehungen zwischen dem Ort der Erde und der Ordnung des Kosmos in den Weltbildern bestehen nicht zufällig. Ort und Ordnung hängen für uns Menschen sehr eng zusammen. Ordnung entsteht, wenn alles seinen Ort hat, um es einmal salopp zu sagen. Unordnung haben wir dann, wenn alles seinen Ort hat, sich jedoch nicht dort befindet. Viele von uns werden sofort an Kinderzimmer denken. Ordnung lässt sich in einer solchen Situation mit dem Wissen um die zugewiesenen Orte jedoch stets wieder herstellen.

Im Chaos dagegen hat nichts seinen oder einen zugewiesenen Ort. In manchen Welterzählungen aus der Antike mussten Götter eingreifen, um im Kosmos Dingen ihren Platz zu geben und damit Ordnung zu schaffen. Die zeitlose, ewige Ordnung und das Chaos standen sich gegenüber.[9] Seit Kepler und Newton haben wir gelernt, dass es auch so etwas wie eine dynamische Ordnung gibt, die nicht nur den Raum, sondern auch die Zeit miteinbezieht und so eine Ordnung der Raumzeit begründet. Aus dem statischen Ort wird in dieser Sichtweise ein dynamischer Ort und eine dynamische Ordnung.

3. Die Erde als dynamischer Ort

Die Position der Erde war bislang durch drei unveränderliche Koordinaten beschreibbar (0,0,0): Der Mittelpunkt der Welt.

Nun erhalten diese Koordinaten durch die Keplerschen Gesetze und durch Newtons universelles Gravitationsgesetz eine völlig neue mathematische Struktur. Das Kraftgesetz, das die Bewegung von Himmelskörpern steuert,

$$m_E \frac{d^2 \vec{r}_{12}}{dt^2} = g \frac{m_E m_S}{|\vec{r}_{12}^3|} \vec{r}_{12}$$

---

[9] In den P'an Ku Mythen, China 3. Jahrhundert, etwa heißt es: „Zuerst war da das große kosmische Ei. In dem Ei war Chaos. Und über dem Chaos schwebte P'an Ku. Himmel und Erde ohne Form. Alles war unbestimmt und ungestaltet." Zitiert nach Cardenal (1994).

ist rechts angegeben. In diesem Ausdruck bedeuten m_E die Masse der Erde und m_S die Masse der Sonne, t die Zeit sowie g die Stärke der Gravitationskraft zwischen Erde und Sonne. Es fällt auf, dass absolute Positionen keine Rolle mehr spielen, denn $\vec{r}_{12}$ bezeichnet hier nur die Verbindungsstrecke zwischen Sonne und Erde (daher der Doppelindex 12), und der Vektorpfeil deutet an, dass die Richtung der Verbindungsstrecke Sonne – Erde zeitlichen Veränderungen unterliegen mag. Die Auflösung solcher dynamischen Gleichungen bedurfte einer neuen Mathematik, die dann auch – und nicht zufällig – praktisch gleichzeitig von Newton und Leibniz gefunden wurde: die Infinitesimalrechnung. Die von Naturkräften hervorgerufenen kleinen infinitesimalen Wirkungen werden über die Zeit zweimal integriert zu geometrischen Orten in der Raumzeit: zu Ellipsen, Parabeln oder Hyperbeln und zu Derivaten davon. Die Koordinate des Mittelpunktes der Erde verändert sich im heliozentrischen Kosmos von (0,0,0) zu (F(t),G(t),H(t)), wobei F(t), G(t) H(t) nun für komplexe mathematische Ausdrücke stehen, deren Werte sich mit der Zeit t ändern. Dieses Vorgehen, die Anwendung dynamische Gesetze, ändert in unserer Anschauung alles. Die Erde steht nur nicht mehr still. Sie offenbart vielmehr ein ausgeprägtes Bewegungsmuster. Werfen wir einen Blick darauf.

Zunächst rotiert die Erde um ihren eigenen Schwerpunkt (Bild 2). Diese Rotation um 360 Grad dauert etwa 23h 56m, ein siderischer Tag. Weiter umkreisen sich Erde und Mond, genauer umkreisen beide ihren gemeinsamen Schwerpunkt, der entlang der Verbindungslinie Erde-Mond liegt, allerdings noch innerhalb der Erde. Dadurch bewegt sich der mondferne Punkt auf der Erdoberfläche mit etwa 110 km/h, der mondnahe Punkt dagegen nur mit etwa 20 km/h. Wegen der (konstanten!) Eigenrotation der Erde werden also alle Menschen in Äquatornähe jeden Tag zusätzlich zur Rotationsgeschwindigkeit merklich beschleunigt und abgebremst. Das Wasser der Erde versucht sich diesen Kräften zu widersetzen und erzeugt auf diese Weise Ebbe und Flut.

Mit dem Mond umkreist die Erde die Sonne, oder genauer: alle drei umkreisen ihren gemeinsamen Schwerpunkt als den nun neuen ausgezeichneten Ort (Bild 3). Dieser Schwerpunkt liegt sehr nahe am Sonnenzentrum. Die Geschwindigkeit der Erde und des

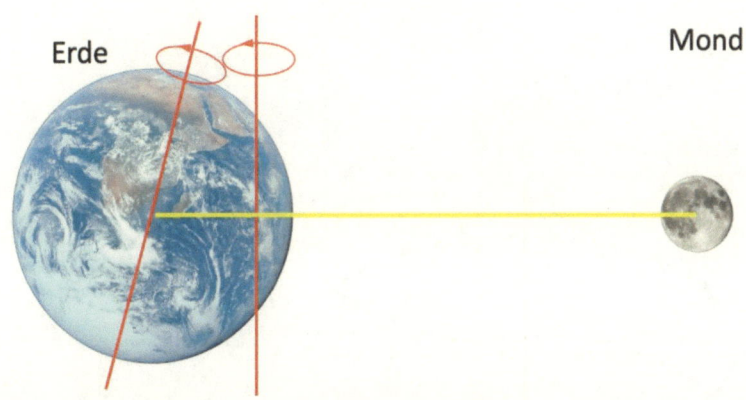

Bild 2. Die Erde rotiert um ihre eigene Achse in 23 Stunden und etwa 56 Minuten. Die Achse verläuft dabei durch den Schwerpunkt der Erde. Das Erde – Mond System rotiert um den gemeinsamen Schwerpunkt, der etwa 1700 km unterhalb der Erdoberfläche auf der Verbindung zwischen Erde und Mond liegt. Ein Umlauf dauert etwa 27,3 Tage zu je 24 Stunden. (A. Krabbe)

Mondes beträgt dabei ca. 30 km/s (mehr als 100.000 km/h), etwa 120-mal schneller als ein Verkehrsflugzeug. Die Abfolge der Orte der Erde wird zu einer spiraligen Weltlinie in der vierdimensionalen Raumzeit, die von der Vergangenheit in die Zukunft reicht.

Aber selbst dieser gemeinsame Schwerpunkt ist nicht raumstabil, so dass er sich nur in der Zeit bewegte. Die anderen Planeten, vor allem Jupiter und Saturn, ziehen und zerren ebenfalls an dem Schwerpunkt, so dass dieser Schwerpunkt noch weitere kleine Bewegungen im Raum ausführt.

Aber auch damit nicht genug: Das Sonnensystem steht unter dem Einfluss der Milchstraße. Es ist eines der mehr als 200 Milliarden Sternensysteme, die in ihren je eigenen Konstellation wiederum den gemeinsamen Schwerpunkt umkreisen: Das Zentrum der Milchstraße. Die große gemeinsame Masse der Milchstraße bedingt eine hohe Geschwindigkeit der Sonne mit ihren Planeten um das Zentrum der Milchstraße herum: ca. 270 km/s, etwa 9-mal so schnell, wie die Erde sich um die Sonne bewegt.

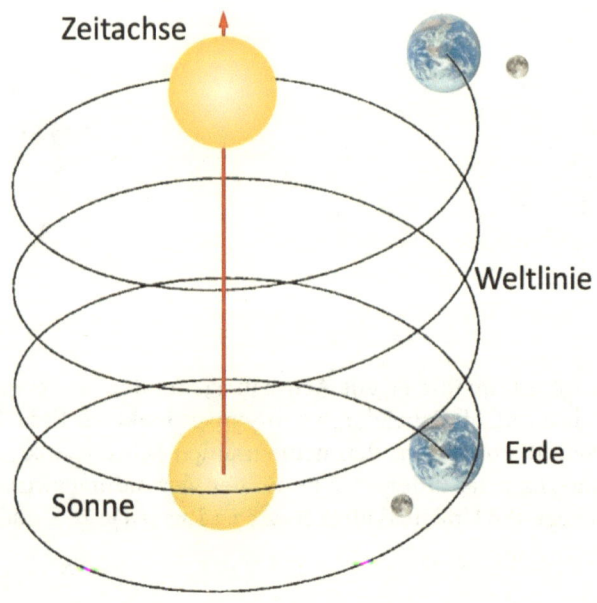

Bild 3. Bahn der Erde und des Mondes um die Sonne. Alle drei Körper umkreisen ihren gemeinsamen Schwerpunkt, der nahe am Sonnenzentrum liegt. Die Zeitachse ist hier die 3. Dimension. (A. Krabbe)

Und auch hier wird die Ellipse der Sonnenbahn um das Zentrum der Milchstraße in der Raumzeit zu einer Spirale, wiederum mit viel größerem Durchmesser, als wir es bei der Bewegung der Erde um die Sonne gesehen hatten. Der Durchmesser der Bahn des Sonnensystems um die Milchstraße ist etwa 1,6 Mrd. mal größer als der Durchmesser der Erdbahn.
Aber auch der Schwerpunkt der Milchstraße ruht nicht. Die Milchstraße ist Teil des lokalen Galaxienhaufens, der lokalen Gruppe, zu

dem auch die Andromeda-Galaxie gehört und zu der noch weitere etwa 70 kleinere Galaxien zählen (Bild 4). Auch diese Gruppe wiederum hat ihre eigene Dynamik, an der die Milchstraße und damit auch die Erde mit einer Geschwindigkeit von ca. 150 km/s teilnimmt. Die lokale Gruppe ist wiederum Teil des Virgo-Superhaufens, dessen Schwerpunkt sie mit etwa 400 km/s umkreist.

Geht es in der Hierarchie noch weiter hinauf? Gewiss! Der Virgo-Superhaufen ist wiederum Teil des Superclusters Laniakea[10] (Bild 5). Laniakea wurde erst vor 9 Jahren entdeckt und beschrieben.[11] Der Supercluster umfasst etwa 100.000 Galaxien und hat einen

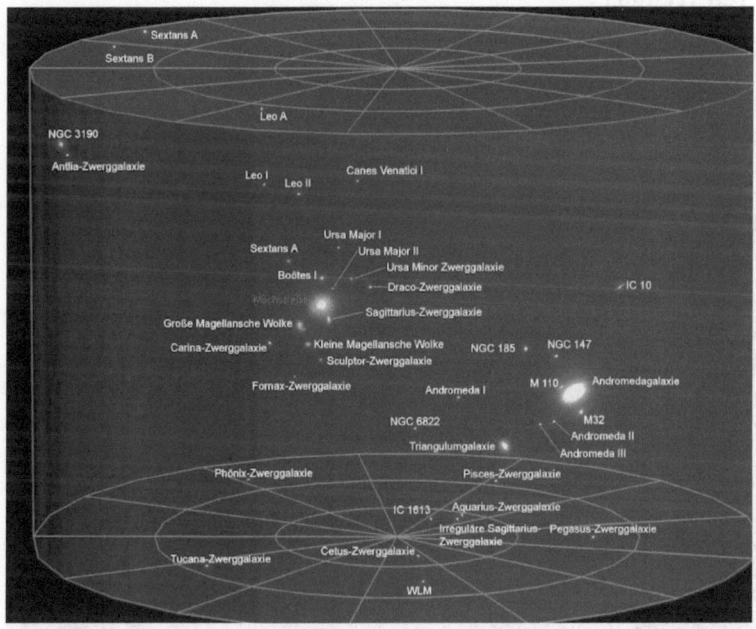

Bild 4. Die Milchstraße ist Teil der lokalen Gruppe, zu der etwas mehr als 70 meist kleine Galaxien zählen. (Quelle: Wikipedia commons)

---

[10] Hawaiianisch: Lani – Himmel, akea – unermesslich.
[11] Tully 2014.

Durchmesser von ca. 500 MLj.[12] Der Virgo-Superhaufen bewegt sich dabei mit etwa 300 km/s relativ zum Supercluster.

Alle diese Bezugspunkte ziehen an dem Sonnensystem, so dass es mit vielen Hundert km/s durchs Weltall rast und sich dabei auch die Richtung seiner Bewegung permanent, wenn auch nur geringfügig ändert.

Wenn man die Skala noch weiter vergrößert und eine Karte der Supergalaxienhaufen vorlegt wie im Bild 6, erkennt man allerdings keine klare hierarchische Struktur mehr. Auf dieser Karte sind fast 2 Milliarden Galaxien verzeichnet, die alle in Katalogen existieren. Das Bild hat einen Durchmesser von 2 Milliarden Lichtjahren und zeigt damit bereits einen merklichen Bruchteil unseres überschaubaren Weltalls.

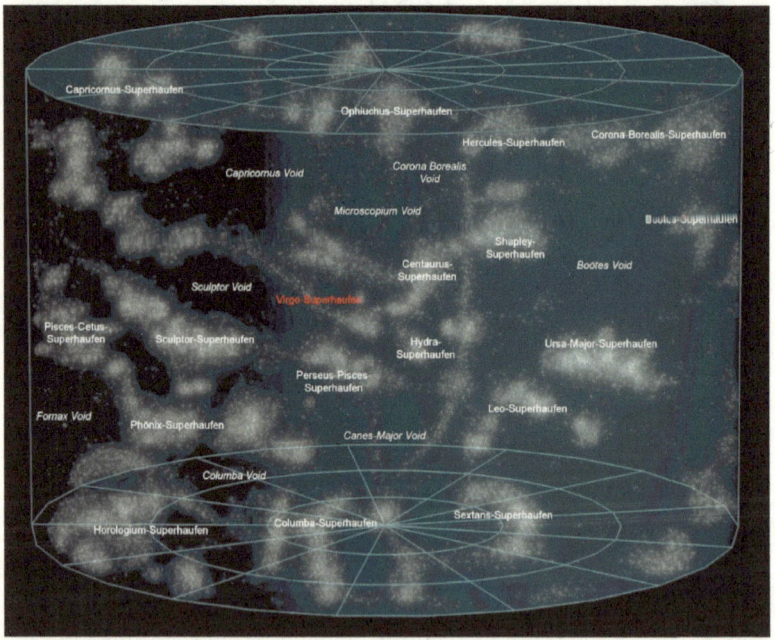

Bild 5. Der Laniakea Galaxiensupercluster umfasst etwa 100.000 Galaxien und hat einen Durchmesser von ca. 500.000 Lichtjahren. (Quelle: Wikipedia commons)

---

[12] Lj: Lichtjahr.

Auf dieser großen Skala zeigt die Galaxienverteilung so etwas wie eine zellenartige Struktur. Die Galaxien sind räumlich nicht gleichmäßig verteilt, sondern ihre Anordnung erinnert an die Zellstruktur eines grobporigen Schwamms. Die Galaxien bilden dabei die Wände dieser Zellen, welche *Voids* genannt werden, die die großen Leerräume umschließen

Wo ist also der Ort der Erde? Die Dynamik der Erde gleicht einem verschachtelten Karussell: Die Erde gleicht einem rotierenden Sitz, der sich zusammen mit dem Mond auf einer kleinen Plattform exzentrisch dreht, die wiederum auf einem Karussell des

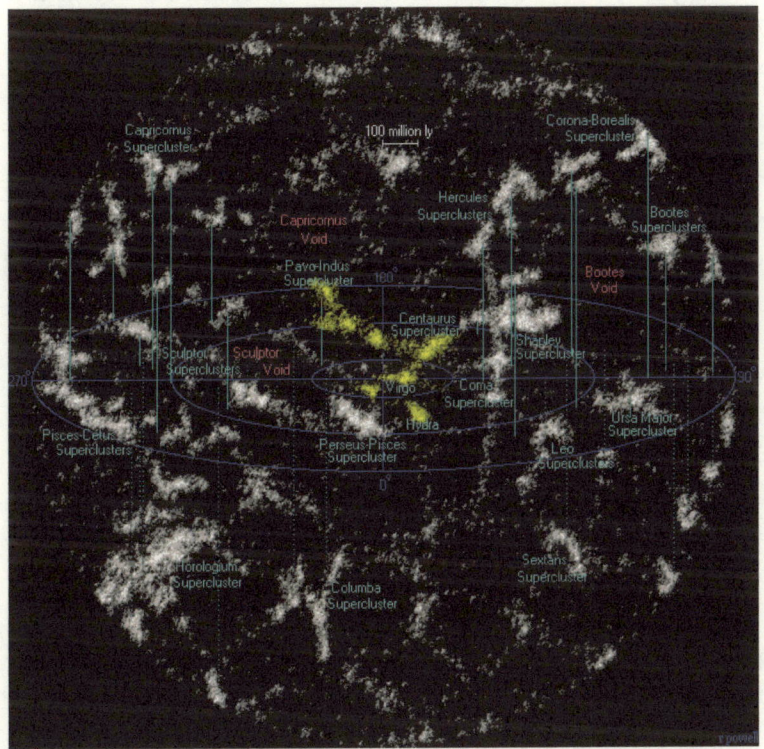

Bild 6. Der Laniakea Supercluster ist von zahlreichen anderen Superclustern umgeben. Dies Bild umfasst etwas 2 Milliarden individuelle Galaxien und ist eine der größten verfügbaren Karten des Weltalls.
(Quelle: Wikipedia commons)

Sonnensystems in Bewegung ist. Dies Karussell ist wiederum Teil einer viel größeren und verschachtelten Karussellstruktur der Milchstraße, der Lokalen Gruppe, des Virgo-Superhaufens usw. und wird auf dieser mit hoher Geschwindigkeit um Achsen bewegt, die zudem in verschiedene Richtungen zeigen.

Wenn jemand der Erde einen bestimmten Ort hätte zuweisen wollen, so scheint es, hätte er oder sie so ziemlich alles falsch gemacht. Das ganze Weltall befindet sich in andauernder Hochgeschwindigkeitsdynamik, und ein ruhender Punkt und gar ein Fixpunkt ist nicht ansatzweise auszumachen. Den bereits von Archimedes gewünschten festen Punkt, der es erlauben würde, die Erde aus den Angeln zu heben, gibt es im Weltall so nirgendwo.

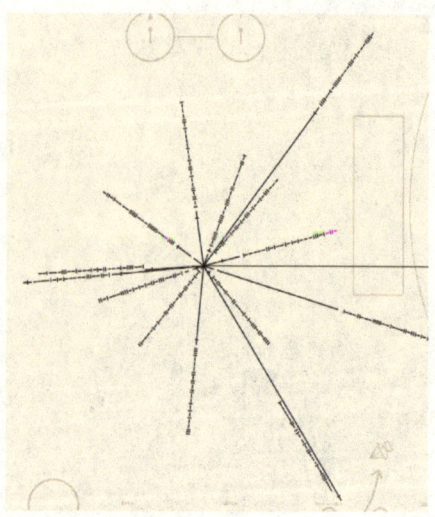

Bild 7. Teilansicht einer Plakette, wie sie an den Raumsonden Pioneer 10 und 11 angebracht sind. Beide Raumsonden haben inzwischen unser Sonnensystem verlassen und bewegen sich durch den interstellaren Raum. Der Doppelkreis oben stellt ein Wasserstoff-Molekül und dessen 21cm-Hyperfeinstrukturübergang dar, dessen Wellenlänge und Frequenz als Zeit- und Längennormal für die Graphik darunter dienen. (NASA gemeinfrei)

Dennoch gibt es vermutlich einen ausgezeichneten Punkt, jedoch in einer höheren Dimension. Es ist der Punkt, an dem der Urknall startete und von dem sich das Weltall ausbreitete. Aber er ist nicht Teil unserer Raumzeit und damit nicht Teil unseres Universums[13].

Wie kann man dies veranschaulichen? Unser aktuelles Modell des Universums gleicht – wenn man eine Raumdimension fortlässt – in etwa der Oberfläche eines expandierenden Luftballons. Dann werden Galaxien zu kleinen Scheiben auf der Oberfläche dieses Ballons. Der Mittelpunkt des Luftballons ist nicht Teil seiner Oberfläche. Entsprechend wäre der Mittelpunkt unseres vierdimensionalen Hyper-Ballonuniversums dann ggf. zwar der ruhende Fixpunkt des Universums, jedoch ebenso nicht Teil der nun dreidimensionalen Hyper-Oberfläche des Ballonuniversums und damit nicht Teil unserer Raumzeit. Dieser letzte denkbare und auch einzig existierende mögliche Fixpunkt unserer Welt ist damit für uns unerreichbar.

Und noch ein anderer Aspekt muss beachtet werden: Das schöne Modell des Weltalls als expandierender Luftballon ist möglicherweise nicht korrekt. Wir gehen aufgrund von Beobachtungen weit entfernter Supernovae seit etwa 25 Jahren davon aus, dass die Geometrie des Weltalls eben ist, also euklidisch: Die Winkelsumme in allen denkbaren Dreiecken wäre stets 180 Grad. Herr Baumgärtel hat vor einigen Jahren in seinem Vortrag in der Akademie darauf hingewiesen, dass man wegen der unvermeidlichen Messfehler das Vorliegen eines wirklich ebenen Raumes nicht in Strenge beweisen kann[14]. Wenn es aber dennoch so wäre und unsere Raumzeit eine wirklich flache Geometrie hätte, dann hätte dies eine bedeutende Konsequenz: Das Weltall wäre im mathematischen Sinne unendlich groß.

Die Allgemeine Relativitätstheorie beschreibt lokale Raumzeitkrümmungen. Wenn die Raumzeitkrümmung großräumig verschwindet, haben wir eine ebene Geometrie und eine unbeschränkte Raumzeit. Noch sind wir nicht an dem Punkt, eine exakt flache Raumzeit vertreten zu müssen, aber wir sind so nahe daran,

---

[13] *Universum* bezeichnet das physikalische Modell des Weltalls.
[14] Baumgärtel 2019, S. 195.

dass wir davon ausgehen müssen, dass der für uns unbeobachtbare Teil des Weltalls jenseits des kosmischen Horizonts erheblich größer ist als bislang angenommen.[15] Diesen Teil des Weltraums werden wir allerdings niemals überblicken können, weil er wegen der endlichen Lichtgeschwindigkeit und der Expansion des Raumes auf immer hinter dem kosmischen Horizont verborgen bleiben wird. Eine weitere Konsequenz eines streng euklidischen Raumes wäre, dass diese Anfangssingularität, dieser Fixpunkt dann ebenfalls nicht existierte, denn wir hätten eine zweidimensionale Singularität unendlicher Ausdehnung. Keine guten Aussichten für die Suche in den verborgenen Winkeln der Raumzeit nach einem ausgezeichneten Punkt im Weltall.

Die Sonne mit ihren Planeten und insbesondere mit der Erde reist wie ein Vagabund rastlos durch das Weltall und gerät auf ihrem Weg mal in diese und mal in jene interstellare Umgebung (s.u.). Wir sind mit der Erde dieser solaren Reise ausgeliefert, ohne dass wir irgendwelche Fix- oder Bezugspunkte im Universum ausmachen könnten. Und: Die Erde wäre wie ein Spielball den kosmischen Kräften hilflos ausgeliefert, wenn nicht die Sonne die Erde und das gesamte Planetensystem an sich binden und einem Hirten gleich mit sich führen würde.

Kann man also gar keine Position für die Erde angeben? Doch, man kann, jedoch ist eine solche Angabe wegen der Dynamik der Bewegung stets nur für eine begrenzte Zeit gültig. Ein Beispiel sei hier vorgestellt.

Auf zwei identischen Plaketten, die je an einer der beiden vor etwa 50 Jahren gestarteten amerikanischen Pioneer-10- und -11-Sonden angebracht wurden (Bild 7), ist die Position der Erde in unserer Milchstraße für den Fall vermerkt, dass die Sonde jemals von einer anderen Zivilisation gefunden werden sollte. Dort sind die Richtung und die Entfernung zu 14 Pulsaren in unserer Milchstraße als Binärcode angegeben. Die Länge der Balken gibt dabei die Entfernung der jeweiligen Pulsare von der Erde an, der Binärcode an den Balken ihre Pulsationsfrequenz. Ein intelligentes Wesen könnte den Ursprung der Sonde und damit unser Sonnensystem

---

[15] Giordano Brunos Behauptung des unendlich großen Weltalls leuchtet hier auf.

identifizieren. Da sich das Ticken der Pulsar-Uhren langsam und auch vorhersehbar verändert, kann man auf diese Weise sogar den Startzeitpunkt der Sonde berechnen und damit bei Kenntnis der Milchstraßendynamik die Sonne auch noch nach vielen tausenden Jahren identifizieren. Ob dies kosmische „Hallo, hier sind wir" als solches allerdings eine gute Idee war, soll hier nicht weiter überlegt werden.

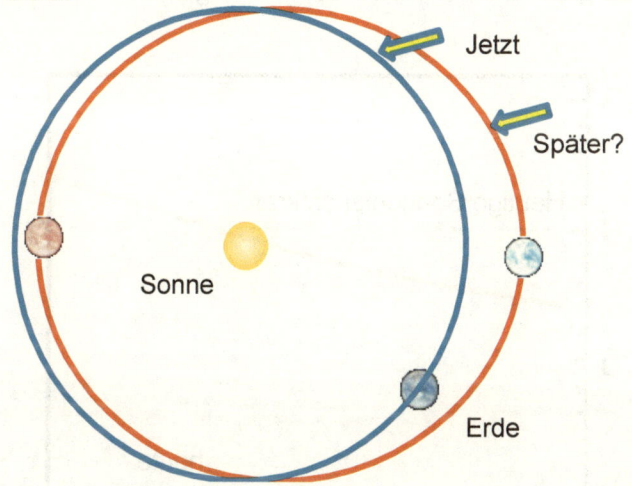

Bild 8. Die Exzentrizität der Erdbahn (blau) ist gegenwärtig sehr gering. Wäre dies nicht so (rot), dann stünde die Erde zu gewissen Jahreszeiten näher an der Sonne und zu anderen Jahreszeiten weiter von der Sonne entfernt, was zu erheblichen jahreszeitlichen Temperaturschwankungen auf der Erdoberfläche führen würde. (A. Krabbe)

4. Die Erde als stabiler Ort

Lassen Sie uns nun der Frage nachgehen, welchen möglichen Veränderungen die Sonne samt ihrer planetaren und kosmischen Umgebung unterliegt. Wir wollen ein Empfinden für mögliche künftige Ereignisse erhalten, die auf die Erde zukommen könnten, und werden zugleich eine erste Abschätzung darüber vornehmen, wie sich der Ort der Erde entwickeln wird, der uns als Bewohner der Erde so unmittelbar betrifft und mit dem wir auf Gedeih und Verderb verbunden sind. Es geht also um die stellare und die interstellare Großwetterlage. Dazu wollen wir sechs Aspekte in den Blick nehmen. Die Frage nach der Stabilität der Erde ist auch angesichts der gegenwärtigen Klimadebatte angemessen, denn auch bei der Klimadebatte geht es um das künftige Wohlergehen der Menschheit.

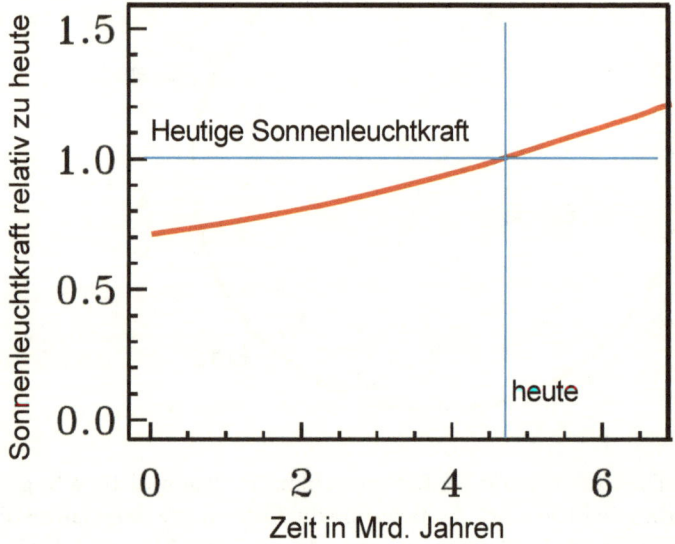

Bild 9. Der Verlauf der Sonnenleuchtkraft während der Erdgeschichte und in der Zukunft. Die Sonnenleuchtkraft ist auf den heutigen Wert normiert. (nach Christensen-Dalsgaard 2021)

Stabilität der Erdachse

Die Erde ist keine perfekte Kugel, denn ihr Äquatordurchmesser ist größer als ihr Poldurchmesser. Die Erde hat so etwas wie einen Äquatorwulst von 21 km Höhe. Die Gravitationskraft des Mondes wirkt daher unsymmetrisch auf die Erde, was einerseits zu einer

Ausweichbewegung der Erdachse führt (Präzession und Nutation), andererseits aber auch zu einer Stabilisierung der Erdachse, so dass diese sich nicht chaotisch um große Winkel verändern kann, wie dies bei anderen Planeten und Monden geschieht, etwa beim Mars.[16] In einem solchen Fall würden die Jahreszeiten verschwinden oder völlig durcheinandergeraten und die Sonne würde für uns möglicherweise sogar im Westen aufgehen. Der Preis für die Stabilisierung der Erdachse ist eine langsame Verlängerung der Tagesdauer auf der Erde um etwa 1 Sekunde in 50 Tausend Jahren, was ein recht kleiner Wert ist. Gleichzeitig entfernt sich der Mond sehr langsam von der Erde. In vielen Millionen Jahren, nachdem die Rotation der Erde nochmals deutlich weiter abgebremst sein wird, besteht allerdings die Gefahr, dass sich die Neigung der Erdachse in chaotischer Weise verändern könnte.[17]

Stabilität der Erdbahn

Bei der Stabilität der Erdbahn geht es um die Frage, ob die Erde ihren angestammten Ort im Sonnensystem jemals verlassen wird. In der Tat sind solche Szenarien denkbar und werden auch beobachtet, etwa in Sternhaufen. Drei- oder Mehrkörperprobleme unter Anwendung von Newtons Gravitationsgesetz sind nicht mehr analytisch lösbar, so dass im Hinblick auf solche Stabilitätsfragen hier erst vor etwa 15 Jahren durch numerische Computersimulationen auf Großrechnern mehr Klarheit erzielt wurde. Die gute Nachricht: In unserem Sonnensystem wird die Erde nachweislich auch in Zukunft in ihrer Bahn bleiben und nicht durch Wechselwirkung mit Jupiter oder Saturn aus ihrer Bahn geworfen werden.[18]

Geometrie der Erdbahn

Auch die Exzentriziät der Erdbahn, also ihre Abweichung von einem Kreis, wird sich in Zukunft in Grenzen halten (Bild 8). Dies ist für die Erde mindestens ebenso wichtig wie die anderen

---

[16] Laskar et al. 1993; Edvardsson, Karlsson & Engholm 2002, B. Moore 2019.
[17] Waltham 2011.
[18] Mogavero & Laskar 2021.

Einflussfaktoren, weil wir sonst Jahreszeiten hätten, in denen die Entfernung der Erde von der Sonne deutlich geringer oder deutlich größer wäre, als dies zur Zeit der Fall ist. Deutlich größere jahreszeitliche Klimaschwankungen mit katastrophalen Folgen wären in einem solchen Fall zu erwarten.[19]

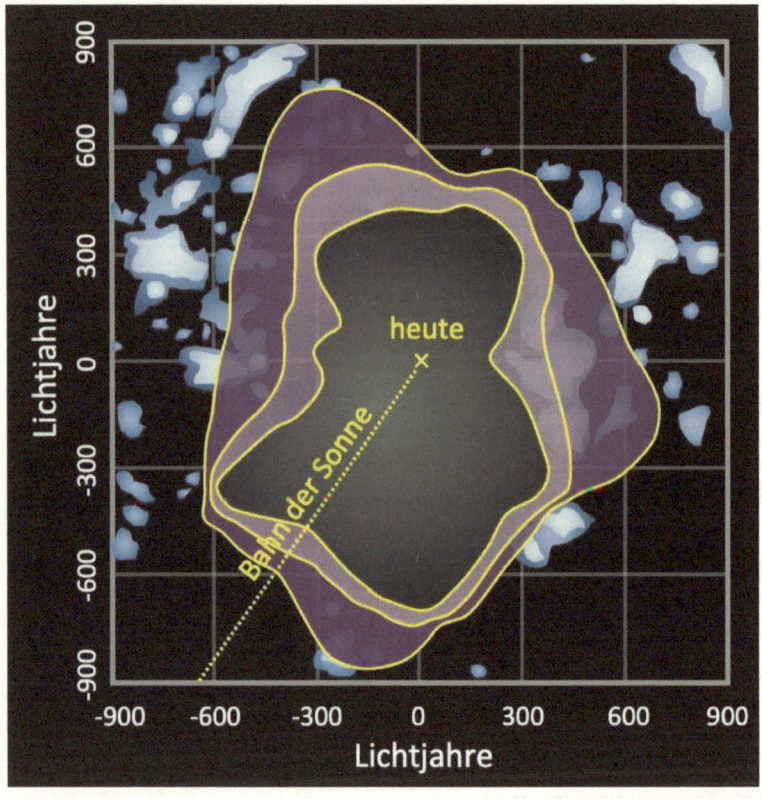

Bild 10. Das Sonnensystem passiert zurzeit einen durch mehrere Supernovae freigeblasenen Raumbereich. Der Staub, überwiegend außerhalb der Blase, ist hier grau-blau dargestellt. Der freie Raumbereich erscheint in dieser Projektion als blau-violette Silhouette. (nach Zucker et al. 2022)

---

[19] Pilat-Lohinger, Sülli, Robutel & Freistetter 2008.

Eine solche Stabilität ist nicht selbstverständlich, wie die Simulationen zeigen. Ohne die Erde wäre die Bahnstabilität der Venus gefährdet. Die Erde stabilisiert daher die Venusbahn und auch umgekehrt. Und: Verliefe die Saturnbahn nur etwa 10% näher an der Sonne (10 → 9 AE[20]), wäre die Stabilität der Marsbahn gefährdet und damit auch die der Erdbahn. Unser Planetensystem ist also dynamisch ziemlich gut austariert. Die Planetenbahnen stabilisieren sich gegenseitig.[21]

Entwicklung der Sonne

Die Sonne fusioniert Wasserstoff zu Helium und zu schwereren Elementen und ändert damit im Verlaufe der Zeit ihre Zusammensetzung. Dieser Vorgang hat zwei Konsequenzen: Der Durchmesser der Sonne nimmt im Laufe der Zeit zu, und ebenfalls nimmt ihre Temperatur zu. Beides zusammen hat während der vergangenen etwa 4 Milliarden Jahren bis heute zu einer Zunahme der Sonnenleuchtkraft um etwa 30% geführt (Bild 9).[22] Dieser Trend wird sich auch in die Zukunft fortsetzen, so dass wir davon ausgehen müssen, dass die Erde in etwa 1 Milliarde Jahre mit einer Durchschnittstemperatur von mehr als 30°C zu heiß für höhere Lebewesen sein wird.

Die Bahn der Erde um die Sonne und auch ihre Geometrie sind beide stabil, aber die Lebensfreundlichkeit der Erde in der Zukunft wird durch die chemische Entwicklung der Sonne begrenzt. Die niedrige Leuchtkraft der Sonne sollte eigentlich in der Frühzeit der Erdgeschichte zu einer vereisten Erde geführt haben, was aber offensichtlich nicht der Fall war.[23] Dieses Phänomen ist unter der Bezeichnung *The faint Sun Problem* bekannt.[24]

---

[20] AE: Die Astronomische Einheit ist die mittlere Entfernung zwischen Sonne und Erde.
[21] Innanen, Mikkola & Wiegert 2011; Mogavero & Laskar 2021.
[22] Christensen-Dalsgaard J. 2021.
[23] Waltham 2019.
[24] Feulner 2012.

Entwicklung der planetaren Umgebung

Die Wechselwirkungen zwischen der Erde und ihren Mitplaneten im Sonnensystem sind bereits angeklungen. Vor allem der positive Einfluss des Jupiters sei hier nochmals genannt. Er schützt die Erde weitgehend vor Einschlägen von kosmischen Festkörpern wie Kometen und Asteroiden, indem er diese frühzeitig so aus ihren Bahnen ablenkt, so dass sie entweder in die Sonne oder in den Jupiter fallen, das Sonnensystem wieder verlassen oder auf Bahnen außerhalb der Erdbahn verbleiben.

Wenn wir also in der Erdgeschichte nur wenige katastrophale Einschläge kosmischer Körper zu verzeichnen haben, liegt dies vor allem an dem Einfluss der äußeren großen Planeten. Das Schicksal des Kometen Schoemaker-Levy mag hier als ein Beispiel dienen. Er zerbrach unter dem Einfluss des Jupiters und stürzte 1994 in einem grandiosen Schauspiel in dessen Atmosphäre.

Entwicklung der galaktischen Umgebung

Das Sonnensystem passiert auf seinem Weg um das Milchstraßenzentrum gerade einen fast staubfreien Raumbereich, der einen Durchmesser von ungefähr 1000 Lichtjahren hat. Dieser wurde vor etwa 20 Millionen Jahren von einer oder mehreren Supernovae freigeblasen (Bild 10).[25] Damals während der Supernovae-Ereignisse stand die Sonne glücklicherweise noch in ausreichend großer Entfernung. Sie ist erst im Laufe der vergangenen Jahrtausende in die Blase hineingewandert. Weil die Blase ziemlich staubfrei ist, haben wir von der Erde momentan einen sehr freien Ausblick auf die extragalaktische Welt mit ihren weit entfernten Galaxien. Wir haben außerdem einen guten Einblick in die galaktische Nachbarschaft. Befände sich die Erde inmitten eines dichten Spiralarms, wären wir vielleicht nicht in der Lage, mit dem vor etwa einem Jahr gestarteten James Webb Space Telescope den kosmischen Horizont zu untersuchen und den Ort der Erde so zu bestimmen, wie wir es nun können. Wir wären vermutlich auch einem stärkeren Bombardement von interstellaren Teilchen oder Brocken ausgesetzt.

---

[25] Zucker et al. 2022.

So ein Körper war Oumuamua, der im Oktober 2017 als längliches Objekt entdeckt wurde, das fast senkrecht und mit hoher Geschwindigkeit zwischen Sonne und Erde durch die Ebene der Planeten hindurchschoss. Mit einer Größe von etwa 250 m x 50 m hätte es auf der Erde eine globale Spur der Verwüstung hinterlassen. Die ungewöhnliche Form führte zu allerlei Spekulationen über seine Natur. Dennoch blieb die beste Erklärung die eines interstellaren Körpers auf der Durchreise.[26]

Die Sonne wird noch einige Hunderttausend Jahre in dieser Blase unterwegs sein. Anschließend führt ihr Weg wieder in die Umgebung des Orion-Spiralarms hinein, bevor sie sich in ferner Zukunft in den Zwischenarmbereich und Richtung Perseus-Spiralarm begeben wird.

Könnten der Erde noch weitere unerwartete Ereignisse bevorstehen? Vor etwa vier Jahren erlebte der rote Riese Beteigeuze im Sternbild Orion unerwartet einen signifikanten Helligkeitseinbruch, der zu allerlei Spekulationen über ein baldiges Supernova-Ereignis in unserer kosmischen Nachbarschaft führte.[27] Beteigeuze ist nur 550 Lichtjahre von der Erde entfernt und würde bei einem solchen Ereignis für einige Wochen etwa Vollmondhelligkeit erreichen. Gemäß dem Stand gegenwärtiger Sternentwicklungsrechnungen wird ein solches Ereignis erst in ein bis zwei Millionen Jahren eintreten. Dennoch haben wir hier ein Beispiel für die Dynamik in der solaren Umgebung, die uns daran erinnert, dass die Erde trotz allem ein recht ungeschützter Ort ist, der zu unserem Vorteil eine sehr große Distanz zu unseren galaktischen Nachbarn pflegt.

5. Zusammenfassung

Der Ort der Erde ist kein statischer, sondern die Erde folgt hochdynamisch einer komplexen Weltlinie mit einer Abfolge von vielen Orten in einem hierarchisch gegliederten Universum, dessen einziger Fixpunkt zudem außerhalb des Universums liegt, wenn es ihn denn gibt.

---

[26] Croswell 2017.
[27] Montargès et al. 2021.

Das von der Sonne gehütete Planetensystem bildet mit der Erde eine eigene Welt, ein kosmisches Ökosystem, das zu den stabilen Verhältnissen für die Erde in erheblichem Umfang beiträgt. Die gegenwärtige Sonnenumgebung ist wegen ihrer relativen Leere sehr lebensfreundlich und erlaubt uns außerdem einen guten Ausblick in den Kosmos.

Momentan kann man sich eigentlich keinen lebensfreundlicheren Platz in der Milchstraße ausdenken als den gegenwärtigen Ort der Erde. Es passt alles für die Erde zusammen. Dennoch wird die Erde nicht für immer bewohnbar bleiben. In vielen Hundert Millionen Jahren wird es auf der Erde einmal zu warm für höhere Lebensformen werden. Insofern ist die Erde und das Leben auf ihr ein transientes Phänomen. Das mag man bedauern. Möglicherweise ist dieser Umstand aber auch einer theologischen Betrachtung wert.

Wenn wir also nach dem Ort der Erde im Weltall fragen, dann ist die Antwort diese: Die kosmischen Situation der Erde ist kein immerwährender starrer Ort, an dem die Zeit spurlos vorübergeht, sondern die Erde als Ort gleicht vielmehr einem Schiff im interstellaren Raum mit sehr großen, aber dennoch begrenzten Ressourcen auf einer abenteuerlichen Reise mit unbekanntem Ziel.

Literatur

Baumgärtel H. (2019): *Naturwissenschaft und christlicher Schöpfungsglaube aus der Sicht der Mathematik*. In: Erkenntnis und Entwicklung, Christian Ammer (Hg.), Schriften der Evangelischen Forschungsakademie, Hannover, ISBN 978-3-9811795-3-8.

Cardenal E. (1994): *Wir sind Sternenstaub*. Neue Gedichte und eine Auswahl aus dem Werk. Wuppertal: Peter Hammer.

Christensen-Dalsgaard J. (2021): *Solar structure and evolution*. Living reviews in Solar Physics, Vol. 18, id. 2.

Croswell K. (2017): *Astronomers race to learn from first interstellar asteroid ever seen*. Nature News, doi:10.1038/nature.2017.22925.

Edvardsson S., Karlsson K.G. & Engholm M. (2002): *Accurate spin axes and solar system dynamics: Climate variations for the Earth and Mars*. Astronomy & Astrophysics, Vol 384, S. 689-701.

Feulner G. (2012): *The faint Sun problem*. Reviews of Geophysics, Vol.: 50, Ausg. 2, RG2006.

Innanen K., Mikkola S. & Wiegert P. (2011): *The Earth-Moon system and the dynamical stability of the inner solar system*. The Astronomical Journal, Vol. 116, S. 2055.

Kepler J., (1967): *Weltharmonik*. (übers. u. eingeleitet v. Max Caspar). Darmstadt ²1967.

Laskar J., Joutel F. & Robutel P. (1993): *Stabilization of the Earth's obliquity by the Moon*. Nature, Vol 361, S. 615.

Mogavero F. & Laskar J. (2021): *Long-term dynamics of the inner planets in the Solar System*. Astronomy & Astrophysics, Vol. 655, id. A1.

Montargès, M., Cannon, E., Lagadec, E. et al. (2021): *A dusty veil shading Betelgeuse during its Great Dimming*. Nature 594, 365-368.

Moore B. (2019): *Der Mond, eine Biographie*. Verlag Kein & Aber Zürich.

Pilat-Lohinger E., Sülli Á., Robutel P. & Freistetter F. (2008): *The influence of giant planets near a mean motion resonance on earth-like planets in the habitable zone of sun-like stars*. The Astrophysical Journal, Vol. 681, S. 1639-1645.

Tully R.B., Courtois H., Hoffman Y. & Pomarède D.: *The Laniakea supercluster of galaxies*. Nature Vol. 513, Nr. 7516, S. 71-73.

Waltham D. (2011): *The myth of Earth's stable axis*. Physics Today, Vol. 64, Ausg. 12, S. 12.

Waltham D. (2019): *Is Earth Special?*. Earth Science Reviews, Vol 192, S. 445-470.

Zucker C. et al. (2022): *Star formation near the Sun is driven by expansion of the Local Bubble*. Nature, Vol. 601, S. 334-348.

Reinhold Ewald

Und wenn das Weltall antwortet?
Ein Paradigmenwechsel in der Menschheitsgeschichte

Während die Raumfahrtinteressierten dieser Tage gebannt die ersten Flüge einer Raumkapsel zum Mond nach über 50 Jahren verfolgen, hat sich ein Paradigmenwechsel im Weltall fast unbemerkt schon lange vorher vollzogen. Der Himmel über der Erdoberfläche ist entmystifiziert und zum Ort von Geschäften und Geschäftigkeit geworden. New Space bringt Akteure ins All, bei denen die Ehrfurcht, die noch die ersten Vorstöße ins All begleitete, dem kommerziellen oder Publicityinteresse untergeordnet ist.

Ein wenig von dem alten Mythos ist aber noch übrig, wenn wir uns bewusst machen, dass seit nunmehr über 22 Jahren ununterbrochen Menschen im Weltall außerhalb der Erde leben und -weitgehend- zum Wohle dieser Menschheit in der Weltraumumgebung forschen und Neues für uns entdecken. Diese Kontinente überspannende friedliche Zusammenarbeit funktioniert auch heute noch trotz der aktuellen Überlagerung durch Kriegsgräuel auf der Erde. Die Botschaften dieser Allbewohner sind eindeutig:

> Von oben sind keine Grenzen zu sehen, nur EINE Erde, für die wir alle als Erdbewohner verantwortlich sind. Nach Jahrtausenden des religiösen Glaubens an und vergeblichen Wartens auf eine Errettung, die aus dem Himmel zu uns kommt, antwortet eben dieser in unserer Zeit in Gestalt der Astronauten und Astronautinnen nicht nur, sondern mahnt dringlich konkrete Schritte an zur Bewahrung unseres Heimatplaneten.

1. Der Mensch als Entdeckender

Aufbruch und Exploration sind prägende Wesenszüge des Menschen und haben in der Menschheitsgeschichte immer wieder zu Umbrüchen und Zeitenwenden geführt. Die Ausweitung des den Menschen bekannten Territoriums über die Säulen des Herkules hinaus am Beginn des 16. Jahrhunderts hat die Landkarte der Welt um zuvor ungeahnte Kontinente erweitert. Mit dem Wissen um die Neue(n) Welt(en) einher ging eine Ausweitung des Machtanspruchs der zeitgenössischen Potentaten. So machte Karl V. von Spanien aus seinem Stolz auf die zugewonnene Machtfülle keinen Hehl und verkündete das »Plus Ultra«, das Hinausgehen über die traditionellen, religiösen und ökonomischen Limite zu seinem Motto, Limits, die zuvor in den Jahrhunderten seit der Antike zu Dogmen geworden waren. Neben Handeltreibenden und Soldaten segelten aber bald auch wissenschaftlich Interessierte durch das neu geöffnete Portal, wie es das Titelblatt der 1620 in England veröffentlichten »Instauratio Magna« des Francis Bacon zeigt, dass die Säulen des Herkules geöffnet abbildet. Die Neugier des Menschen wurde nicht mehr durch Dogmen und als Häresie bestrafte Denkverbote gezügelt, Empirie und wissenschaftliche Methodik kamen zu ihrem Recht. Der Ort des Menschen war jetzt die ganze Erde, der Globus, und auch Politik und Handel waren fortan durch dieses globale Denken geprägt.

Der Erforschung des Himmels jedoch (im Sinne des englischen Wortes »sky« im Gegensatz zum metaphorischen »heaven«) waren technische Grenzen gesetzt. Auch wenn die Gravitationskraft die schwächste der uns bekannten Naturkräfte ist, reichte doch die Anziehungskraft der Erde, um uns bis zur Erfindung von Motoren, Triebwerken und letztlich leistungsfähigen Raketenantrieben auf der Oberfläche der Erde festzuhalten. Auch hier waren es die »Spinnerten«, die Träumer und Idealisten, die manches Mal unter Einsatz ihres Lebens vorangingen. Heutzutage ist Fliegen zum Busfahren in den Lüften geworden. Sehen wir eine solche Entwicklung auch bei der Raumfahrt, die sich ja noch im ersten Zentennium ihrer Entwicklung befindet?

2. Vorstoß ins All

Der Himmel war immer Projektionsfläche göttlicher Erwartung, da wurden »sky« und »heaven« synonym gebraucht. »Tauet Himmel den Gerechten«, sang das Kirchenvolk, und zum Beweis des Über-Irdischen (sic!) seiner Herkunft fuhr Jesus vor den Augen der Jünger in den Himmel auf. Dieser Ort war Sterblichen nicht zugänglich, ergo mussten Abgesandte aus dem Himmel unsterblich oder wenigstens den Erdbewohnern überlegen sein. Die diesbezüglichen Bücher und Thesen über Archäo-Astronauten brachten Mitte des vorigen Jahrhunderts Bestsellerauflagen, und die Science Fiction Literatur erschuf immer wieder neue, utopische, aber auch dystopische Welträume. Ob tatsächlich Juri Gagarin mit Überzeugung anmerkte, er habe Gott »da oben« nicht gesehen, darf bei der Kürze seines Fluges und der noch sehr bescheidenen Flughöhe über der Erdoberfläche bezweifelt werden. Aufgeklärteren Menschen dürfte seit der rasanten Entwicklung der Astronomie und den durch immer bessere Teleskope voranschreitenden Erkenntnissen unserer wahren Position im All eine solche, doch sehr erdlokalisierte Erwartung gar nicht erst in den Sinn gekommen sein. Auch mit der Harmonie und Symmetrie des Weltalls als Gottes Kreation wurde aufgeräumt, die idealen Kreise der Planetenbahnen zu Ellipsen verformt, das Räderwerk der Kristallschalen rund um die Erde zum schnöden Spiel der kosmischen Kräfte degradiert, ja sogar den absoluten Newtonschen Raum sollte es nicht mehr geben, stattdessen Inertialsysteme, die jedes für sich das Recht beanspruchen konnten, Zentrum einer eigenen Beschreibung zu sein.

Das Erstaunen der Apollo-Astronauten über ihre Fotografie vom Erdaufgang über der Mondoberfläche oder über das Bild der blauen »Murmel« Erde inmitten der Schwärze des Weltalls zeigte die letzten Reste dieser im Menschen verankerten mystischen Tradition, der sich selbst technisch erzogene, rational denkende Menschen nicht entziehen konnten. Auf alles waren die Mondfahrer vorbereitet, auf solch einen Blick auf den Ort des Menschen aber nicht. Auch wenn der sogenannte »Overview«-Effekt bei Astronautinnen und Astronauten statistisch aus ihren weiteren Lebensläufen nicht belegbar ist, war es doch stellvertretend für die Menschen auf der

Erde eine sinnesüberwältigende Neupositionierung unseres Ortes im All und die wohl endgültige Abkehr von der märchenhaften Hoffnung auf einen wundersamen physischen Retter aus allen Nöten, der aus den Tiefen des Alls zu uns kommt. Der »sky« Himmel war also entzaubert, der »heaven« Himmel von der Welt um uns herum entkoppelt, was für viele einen Paradigmenwechsel darstellte. Andere flüchteten sich zum Schutz ihres mythisch verankerten Weltbilds in Verschwörungserzählungen. Die angeblich bis heute für den »Moon Hoax« an die Eingeweihten zu zahlenden Schweigegeldkosten hätten sich allerdings für die NASA wohl viel teurer dargestellt, als die Apollo-Missionen programmgemäß durchzuziehen.

Heutzutage regiert die Technik das Geschehen im Erdorbit. Die Entwicklung von Raumstationen wurde erst in der Sowjetunion, dann in Russland vorangetrieben und errichtete erst das Fundament an technischen Lösungen, Logistik und Nachhaltigkeit, das dem Apollo-Projekt in der Hitze des Wettlaufs zum Mond abging. Die Internationale Raumstation, die heute aktuelle Forschungsplattform im All, basiert erstmals in der Geschichte der astronautischen Weltraumfahrt auf internationaler Zusammenarbeit, die vor nunmehr 35 Jahren mit höchstwertigen Regierungsverträgen abgesichert wurde (WDR, 2023). In dieser Zusammenarbeit, wie sie im politischen Tauwetter der neunziger Jahres des vorherigen Jahrhunderts möglich wurde, taten sich die USA, die Russische Föderation, Japan, Kanada und zwölf europäische Staaten, vertreten durch die European Space Agency ESA, zusammen, um einen permanenten Außenposten im Erdorbit zu bauen und zu betreiben. In der Folge dieser Entscheidung wurde ab 1998 mit über 60 Aufbauflügen verschiedener Raumfahrzeuge, mit dem Einsatz von ca. 100.000 Techniker*innen und Wissenschaftler*innen in allen beteiligten Ländern, Kosten zwischen 100 und 150 Milliarden Euro und mit Hunderten Stunden von Außenarbeiten im Raumanzug die fußballplatzgroße Raumstation in 400 km Höhe zusammengefügt. Das Wichtigste: Seit November 2000 hat es keinen Moment mehr gegeben, in dem sich *alle* lebenden Menschen in der Biosphäre der Erde befunden haben, stets waren zumindest zwei, lange Zeit drei, dann sechs oder sogar inzwischen sieben Menschen an Bord dieser Raumstation. Die internationale Kooperation garantierte auch bei technischem Versagen eines oder des anderen Raumschiffes die ununterbrochene Versorgung mit Verbrauchsgütern und den Transport von Besatzungen zur ISS.

Bild 1. Mit der Internationalen Raumstation ISS hat die Menschheit eine permanente Präsenz im All etabliert. Das Bild aus dem Jahre 2011 zeigt die ISS in der größten Ausbaustufe mit dem angedockten Space Shuttle und dem europäischen Transportraumschiff ATV.
Bild: NASA/ESA/P. Nespoli.

Bild 2. Astronauten und Kosmonauten der fünf ISS Partner USA, Russland, Japan, Kanada und Europa. leben und arbeiten seit dem Jahr 2000 an Bord der ISS. Sie sind zu Weltallbürgern geworden.
Bild: NASA/ESA/Roskosmos

Circa 3000 wissenschaftliche Vorhaben sind an Bord dieses Weltraumlabors seither schon durchgeführt worden. Die Forschungsgebiete, die besonders von der Erforschung der Effekte der in der Umlaufbahn eines Raumfahrzeugs herrschenden Schwerelosigkeit auf biologische, materielle und flüssige Systeme profitieren, reichen von den Lebenswissenschaften über die Kristallzüchtung bis zum schwerelosen Verhalten von Plasmen, um nur einige zu nennen.

Längst ist auch die medizinische Forschung nicht mehr nur damit beschäftigt, Astronaut*innen das pure Überleben zu garantieren. Die Ergebnisse der Experimente zum beschleunigten Knochenabbau im All, dem behinderten Wirken des menschlichen Immunsystems, der schnelleren Alterung der Haut und generell der

Prävention von Muskelschwund und Herz-Kreislauf-Problemen führten zu einer Vielzahl von Anstößen zu weiteren Untersuchungen, die dann typischerweise mit Probandenstudien am Boden durchgeführt werden. Hierzu ist z.b. das :envihab auf dem Gelände des DLR errichtet worden, das gezielt die Veränderungen des menschlichen Organismus unter den veränderten Umweltbedingungen im All erforscht (Gerzer, 2022).

Und hier ist auch der als Legitimation für die Kosten oft geforderte Spin-Off der (astronautischen) Raumfahrt unmittelbar ersichtlich: miniaturisierte medizinische Datengeber, in Ein-Hand-Bedienung für die Bedürfnisse an Bord konzipiert, Telemedizin, die es durch Datenübertragung ermöglicht, Patient*innen und Ärzt*innen über große Distanzen hinweg zusammenzubringen, Empfehlungen zur körperlichen Mobilisierung für Senioren aus den Erkenntnissen der Vorsorge für Astronaut*innen, das sind nur einige der Transfers, die in die Alltagsmedizin Eingang gefunden haben.

3. Wir Weltallbürger

Explorationsmissionen sind durch alle Zeiten keineswegs nur mit lauteren Motiven betrieben worden; Habgier und kulturelle Überlegenheitsgefühle führten zu fürchterlichen Massakern; was die Schwerter nicht umbrachten, das schafften dann eingeschleppte Epidemien oder der Alkohol. Die Raumfahrer*innen bis etwa zur laufenden Nummer 500, also etwa bis zum Jahr 2021, (ASE 2023) waren zum weitaus größten Teil mit ethisch nachvollziehbaren Motiven unterwegs: technische Erprobung neuer Systeme, Wissenschaft unter Weltraumbedingungen, edukative Interaktion mit jungen Menschen, um deren Begeisterung für Naturwissenschaften und Technik zu fördern. Schließlich bedeutet solch ein Raketenstart einen enormen Aufwand an Kosten, Treibstoff und Material und hinterlässt in den durchstiegenen Luftschichten einen Schadstoffeintrag, der sich mit der Zahl der Flüge skaliert. Hin und wieder gelangten auch sogenannte Weltraumtouristen ins All, meist Weltraumbegeisterte mit dem nötigen Geld, die keine Chancen in den regelmäßigen Astronautenauswahlrunden hatten. Sie absolvierten nur einen Bruchteil des Trainings der Profiastronauten und waren dementsprechend zurückhaltend und eingeschränkt bei den Bordaufgaben. In dieser ethisch balancierten Situation formulierte der Philosoph Pieter Sloterdijk seine neue Sicht auf die Erde-Himmel-Situation. Er sah einen Paradigmenwechsel durch die Daueranwesenheit von Menschen auf Raumstationen und in Raumfahrzeugen (Sloterdijk 2016):

> »Die Menschen des globalen Zeitalters schauen erneut an den nächtlichen Himmel. Sie glauben aber nicht nur, dass sie beobachtet werden, sie wissen es auch, und indem sie dieses Wissen ernstnehmen, werden sie fähig zu handeln, wie ihr Gewissen es fordert«,

schreibt er 2016 in einem Essay betitelt »Blick auf die Erde – für eine Philosophie der Raumstation.«

Neben dem frommen Wunsch, dass starke Beobachtung automatisch Wohlverhalten erzeugt, überschätzt er auch das visuelle Auflösungsvermögen der Astronauten von ihrer hohen Warte aus. Immerhin entwickelt er eine These der Verbundenheit der Raumstationsastronauten mit den Erdbürgern als Delegierte der Menschen im All:

> »Was die Astronauten wissen, sehen und fühlen, ist auch für mich wissbar, sehbar und fühlbar. Wenn unser Zeuge dort oben, ein eher nüchterner Mann, will ich annehmen, beim Blick auf die Erde seine Ergriffenheit von der phänomenal gegebenen Einheit des Planeten nicht verhehlen kann, so hat seine Ergriffenheit auch für mich Autorität.«

Soweit ist Sloterdijk noch im »sky« Himmel unterwegs. In der nächsten These rechnet er aber mit jahrhundertalten mythisch-religiösen Erlösungserwartungen ab:

> »Man kann darum sagen, die Raumfahrt habe die eleganteste Lösung für das älteste Problem der Metaphysik gefunden: Sie löst das Rätsel der ontologischen Diskontinuität zwischen dem Oberen und dem Unteren auf, indem sie zwischen dem In-der-Welt-Sein 1 und dem In-der-Welt-Sein 2 ein Kontinuum unterstellt.«

Kein ortsloser »heaven«, nur ein grenzenloser profaner »sky«! Unten gleich oben, ein Kontinuum. In der Kommunikation zwischen unten (Erde) und oben (Raumstation) ist daher ein gleichberechtigter Dialog zu erwarten, keine Verkündigung ewiger Weisheiten von oben herab. Abschließend bringt Sloterdijk es für sich persönlich auf den Punkt (Sloterdijk, a.a.O.):

»Wenn ich mit Gott rede, ist es ein Gebet. Wenn Gott zu mir laut redet, bin ich schizophren. Wenn ich hingegen Thomas Reiter oder Hans Schlegel im Weltall Deutsch sprechen höre, darf ich schließen, dass alle Systeme an Bord gut funktionieren.«

Persönlich kann der Autor nur beisteuern, dass er selbst beim Ausbruch eines Feuers an Bord -einer der gefährlichsten Situationen, die die astronautische Raumfahrt bis dato zu meistern hatte- gewisslich keine laute Antwort auf seine Stoßgebete um einen glimpflichen Ausgang erwartete, gleichwohl ein gestärktes Vertrauen in eigene Fähigkeiten und die exzellente Teamarbeit der gesamten Mannschaft die Situation zu überwinden halfen.

4. Das Weltall antwortet – aber anders als gedacht

Abschließend kann man also sagen, dass wir Zeitgenossen durchaus in einer früher nur schwer vorstellbaren Zeit leben, in der die Präsenz des Menschen im erdnahen Raum schon etabliert ist, Pläne für einen Flug zum Mond trotz aller Rückschläge durchaus in realistischer Reichweite sind und von da der Weg zum Mars eingeschlagen werden kann (Bild 11). Gerade der Mars ist ein wesentlicher zweiter Datenpunkt bei der wissenschaftlichen Lösung der Frage, ob Leben im Weltall floriert oder die (eine) große Ausnahme ist. Mit dem Hubble Space Telescope, dem neuen James-Webb-Teleskop und inzwischen mit einer Vielzahl von leistungsfähigen Teleskopen auf der Erdoberfläche lassen sich eine große Zahl von Planeten um nicht zu heiße und nicht zu kalte Sterne identifizieren, die wir auf Anzeichen einer exobiologischen Existenz überprüfen können. Die Ansicht, dass wir den Ort unseres Universums mit all seinen Galaxien allein bewohnen, ist angesichts dieser Erkenntnisse und der schieren Anzahl von Planeten vermessen. So ist es wohl nur die Hürde durch das Zusammenspiel der riesigen Entfernungen und der damit verbundenen zwangsweisen Rückschau in der Zeit, die uns einem wissenschaftlich gesicherten Kontakt mit »Außerirdischen« im Wege steht. Eine solche Kommunikation wäre dann aber tatsächlich ein epochaler Paradigmenwechsel mit unübersehbaren Folgen für unser Selbstverständnis und das theologische Gebäude, in dem wir uns eingerichtet haben.

Literatur

ASE (2023): Registry of Space Travellers: https://www.nzz.ch/feuilleton/starke-beobachtung-ld.100357https://www.paperturnview.com/?pid=MzA304084&p=27&v=4.1

Gerzer, Rupert (2022): Astronautische Raumfahrt, Beginn eines neuen Zeitalters, Springer, Berlin

Sloterdijk, Peter (2016): Blick auf die Erde – für eine Philosophie der Raumstation, erschienen in der Neuen Züricher Zeitung 20 Februar 2016, abgerufen 16.5.2023 https://www.nzz.ch/feuilleton/starke-beobachtung-ld.100357

WDR (2023): <Zeitzeichen 29. Januar 1988>, abgerufen 30.1.2023 https://www1.wdr.de/radio/wdr5/sendungen/zeitzeichen/zeitzeichen-raumstation-iss-100.html

Dirk Engelmann

Der Mensch als soziales Wesen in der Ökonomik

1. Einleitung: Der Mensch und seine Beziehungen in der Standardökonomik

In standardökonomischen Modellen entscheidet der Mensch typischerweise für sich allein. Sein Ziel ist dabei die Maximierung des eigenen Nutzens. Andere Menschen spielen dabei primär eine Rolle als Handels- oder Vertragspartner oder aber als eine Quelle von Restriktionen seiner Handlungsoptionen. Letztere Rolle übernehmen beispielsweise Regulierungsbehörden, die Vorschriften erlassen, wie sich Firmen und Individuen verhalten können oder welche Produkte sie erwerben können. Bereits bei Adam Smith in "The Wealth of Nations" (1776) sieht man diese Funktion anderer Menschen, denn Smith argumentiert, dass andere einem nicht aus Großzügigkeit etwas geben, sondern aus dem Nutzen, den sie selbst aus dem Handel ziehen.

Aus der Annahme, dass Beziehungen größtenteils durch beidseitiges Eigeninteresse geprägt sind, ergibt sich, dass sie in der Ökonomik stark formalisiert sind, denn wenn die andere Seite nur aus Eigennutz handelt, muss ich mich davor schützen, dass sie ihre Freiheit zu ihrem Vorteil und meinem Nachteil ausnützt. Das ökonomische Gebiet der Vertragstheorie beschäftigt sich daher mit der Absicherung gegen sogenanntes moralisches Risiko in Prinzipal-Agenten-Problemen. Letztere sind dadurch charakterisiert, dass eine Partei (Prinzipal) möchte, dass eine andere Partei (Agent) etwas tut, der Agent aber nach einem Vertragsabschluss zwischen den beiden Parteien einen Anreiz hat, im Rahmen des Vertrages in einer für ihn optimalen Weise zu handeln, was nicht unbedingt im Sinne des Prinzipals ist. Ein Beispiel ist hier die Beauftragung eines Handwerkers mit einer Reparatur. Der Handwerker hat hier ein

Interesse, mehr als unbedingt nötig zu unternehmen. Der Prinzipal möchte daher den Vertrag so gestalten, dass der Agent ein Eigeninteresse hat, möglichst zum Nutzen des Prinzipals zu handeln.

Ökonomen erkennen durchaus, dass Menschen nicht ausschließlich in Isolation und beispielsweise in Mehrpersonenhaushalten leben. Die Standardökonomik geht hiermit meist so um, dass sie Haushalte als Entscheidungseinheiten wie Individuen betrachtet, also als ob ein Haushalt klar definierte Präferenzen hat und in Kenntnis dieser aus eigener Sicht optimale Entscheidungen trifft. Lediglich Spezialgebiete befassen sich mit Verhandlungsproblemen innerhalb von Haushalten.

2. Der Mensch in der Verhaltensökonomik

Die Verhaltensökonomik versucht, unrealistische Annahmen der Standardökonomik über Motivation und Verhalten von Menschen zu überwinden und so zu psychologisch plausibleren und empirisch realistischeren Vorhersagen zu kommen. Sie untersucht ökonomisch relevantes Verhalten mit Hilfe von psychologisch realistischeren Modellen. Dabei berücksichtigt sie Erkenntnisse aus der Psychologie, insbesondere der Sozialpsychologie und von experimenteller ökonomischer Forschung.

Die Verhaltensökonomik behält wesentliche Bestandteile ökonomischer Annahmen, lockert gleichzeitig aber andere Annahmen. So gibt es Modelle, die weiterhin von der Maximierung des Eigennutzes ausgehen, aber Verzerrungen in Erwartungen oder kognitive Beschränkungen beinhalten. Diese Modelle berücksichtigen also die auf Herbert Simon (1957) zurückgehende begrenzte Rationalität. Andere Modelle behalten perfekte Rationalität, basieren aber auf Präferenzen, die komplexer sind als in Standardmodellen. Von besonderer Relevanz für die Verhaltensökonomik, aber insbesondere auch für den Ort des Menschen in der Ökonomik sind hier soziale Präferenzen.

2.1 Soziale Präferenzen

Soziale Präferenzen beinhalten, dass Menschen soziale Wesen sind und sich nicht nur für die Folgen ihrer Handlungen auf sich selbst, sondern auch auf andere interessieren, also beispielsweise auf deren Konsummöglichkeiten oder allgemeiner deren Wohlergehen. Soziale Präferenzen meinen daher nicht kollektive Präferenzen einer Gruppe, sondern die Präferenzen eines Individuums über die Ergebnisse innerhalb der Gruppe. Bei Vorliegen sozialer Präferenzen sind andere Menschen nicht mehr nur potentielle Tauschpartner oder Verursacher von Einschränkungen, sondern ihr Wohlergehen ist von direktem Interesse für die Handelnden.

Ein frühes klassisches Experiment, das die Relevanz sozialer Präferenzen dokumentierte, basiert auf dem Ultimatumspiel (Güth, Schmittberger und Schwarze, 1982). Das Ultimatumspiel ist eine Interaktion von zwei Personen. Person 1 erhält das Recht, die Aufteilung eines Geldbetrags vorzuschlagen. In einem typischen Laborexperiment mit Studierenden wäre dieser Geldbetrag beispielsweise 10 Euro. Person 2 kann nun diesen Vorschlag annehmen oder ablehnen. Nimmt Person 2 an, so wird der Vorschlag umgesetzt. Lehnt Person 2 ab, bekommen beide Personen nichts. In jedem Fall endet das Spiel nach der Entscheidung von Person 2. Es gibt keine Möglichkeit eines Gegenvorschlags oder weiterer Verhandlung, daher der Name Ultimatumspiel. Die standardökonomische Vorhersage ist so einfach wie unrealistisch. Person 2 als rationale Eigennutzmaximiererin nimmt zumindest jeden positiven Betrag an, wie klein er auch ist. Selbst bei einem Angebot von null ist sie indifferent, da sie sowohl bei Annahme als auch bei Ablehnung null bekommt und sich für die Auszahlung von Person 1 nicht interessiert. Unter der Modellannahme der perfekten Rationalität und damit der korrekten Erwartung des Verhaltens von Person 2 bietet Person 1 den kleinstmöglichen positiven Betrag an, sofern Person 2 ein Angebot von null ablehnen würde, und bietet sogar null an, wenn Person 2 dies annimmt. Denn so maximiert Person 1 ihr Einkommen.

Das Verhalten von Menschen im Ultimatum-Spiel unterscheidet sich jedoch drastisch von der standardökonomischen Vorhersage. Tatsächlich wurden Experimente mit dem Ultimatumspiel hunderte von Malen durchgeführt, mit unterschiedlichen Personengruppen in verschiedenen Ländern und mit kleineren und größeren zu verteilenden Geldbeträgen. Dabei finden sich einige robuste Verhaltensmuster. Zum einen sind viele Angebote solche für eine Gleichaufteilung des Betrags zwischen beiden Personen. Dagegen wird Person 2 nur sehr selten weniger als 10 % des aufzuteilenden Betrags angeboten. Damit finden sich nur sehr wenige Angebote überhaupt nur in der Nähe der standardökonomischen Vorhersage. Auch das Verhalten von Person 2 weicht von der Standardvorhersage ab. Zwar werden Angebote von mehr als 40 % des zu verteilenden Betrags fast nie abgelehnt, nahe an der Vorhersage, dass diese immer angenommen werden, jedoch werden positive Angebote unter 20 % des zu verteilenden Betrags häufig abgelehnt, entgegen der Vorhersage, dass auch diese angenommen werden. Gegeben das Verhalten von Person 2, weicht das Verhalten von Person 1 nicht unbedingt vom standardökonomischen Verhalten ab. Lehnt Person 2 niedrige Angebote mit hoher Wahrscheinlichkeit ab, so kann es die durchschnittlich zu erwartende Auszahlung für Person 1 maximieren, Person 2 relativ viel anzubieten. Beispielsweise ist das Angebot im Experiment von Blanco, Engelmann und Normann (2011), das die erwartete Auszahlung für Person 1 maximiert, die Gleichaufteilung, da selbst Angebote knapp unter 50 % in diesem Experiment von manchen Teilnehmenden in der Rolle von Person 2 abgelehnt werden.

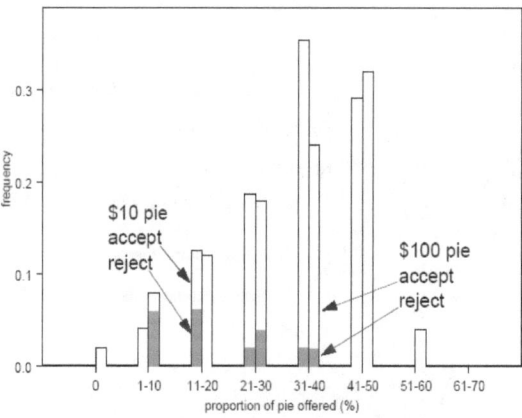

Bild 1. Verteilungen der Angebote und der abgelehnten Angebote im Ultimatumspiel von Hoffman, McCabe und Smith (IJGT, 1996)

Ein typisches Ergebnis findet sich bei Hoffman, McCabe und Smith (1996), die auch bereits die häufig geäußerte Kritik berücksichtigen, dass es in Laborexperimenten häufig um sehr kleine Geldbeträge geht, so dass es die Versuchspersonen materiell wenig kostet, sich in der sozial erwünschten Weise zu verhalten. Abbildung 1 zeigt ein Histogramm der in ihrem Experiment gemachten Angebote (in Prozent des zu verteilenden Betrags), sowohl für einen zu verteilenden Betrag von 10 US-$ (linke Balken), was die übliche Größenordnung für solche Experimente ist, als auch für einen Betrag von 100 US-$ (rechte Balken). Dunkel eingefärbt sind die Angebote, die abgelehnt wurden. Man sieht hier, dass Angebote unter 10 % selten gemacht werden und Angebote zwischen 30 % und 50 % am häufigsten sind. Besonders interessant ist allerdings, dass sich die Verteilungen der Angebote relativ zum zu verteilenden Betrag für den kleinen und den großen Betrag kaum unterscheiden. Ebenso ist auffällig, dass Angebote über 40 % nie, solche zwischen 20% und 40% gelegentlich und solche unter 20 % relativ häufig abgelehnt werden. Auch hierin ergibt sich zwischen dem kleinen und dem großen aufzuteilenden Betrag kein relevanter Unterschied.

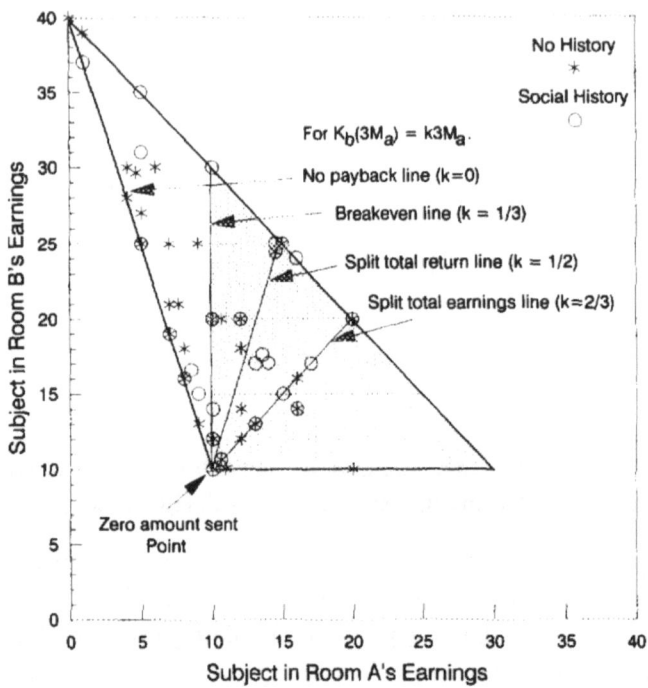

FIG. 5. Distribution of joint dollar earnings.

Bild 2. Auszahlungen für beide Personen im Experiment von Berg, Dickhaut und McCabe (1995)

Ein weiteres sehr einflussreiches Experiment von Berg, Dickhaut und McCabe (1995) basiert auf dem Investitions- oder Vertrauensspiel. Auch in diesem Spiel gibt es zwei Personen. Beide bekommen einen Geldbetrag, beispielsweise 10 Euro. Person 1 kann einen beliebigen Anteil dieses Betrages an Person 2 schicken. Was Person 1 an Person 2 schickt, wird mit einem Faktor größer als 1 multipliziert. Bei Berg, Dickhaut und McCabe und in vielen Folgeexperimenten ist dieser Faktor 3. Person 2 kann daraufhin einen beliebigen Betrag an Person 1 schicken. Dieses Spiel bildet einfache Investitionsentscheidungen ab, wo beispielsweise Person 2 eine profitable Geschäftsidee hat, aber nicht das nötige Kapital. Person 1 fungiert als Kapitalgeber. Die Personen können aber keinen rechtlich bindenden Vertrag schreiben, der Person 2 zu einer Zahlung eines Anteils des Ertrages an Person 1 verpflichtet. Die standardökonomische Vorhersage ist wiederum sehr einfach. Eine rationale egoistische Person 2 schickt nichts an Person 1, egal wieviel Person 1 geschickt hat, denn dadurch würde sie nur ihre Auszahlung reduzieren. Eine rationale egoistische Person 1 sieht vorher, dass Person 2 in jedem Fall nichts zurückschickt, und schickt daher selber nichts an diese. Die profitable Investition bleibt damit aus. Beide Personen würden jedoch profitieren, wenn sich Person 2 festlegen könnte, Person 1 mindestens ihre Investition zurückzuzahlen. Kann kein Vertrag für eine solche Bindung geschrieben werden, so kann diese auch dadurch entstehen, dass Person 2 vertrauenswürdig ist, also psychologische Kosten erleidet, wenn sie das Vertrauen von Person 1 ausnutzt. Um zu entscheiden, ob eine Investition sich lohnt, muss Person 1 also die Vertrauenswürdigkeit von Person 2 einschätzen.

Auch das Vertrauensspiel wurde mittlerweile sehr oft in Experimenten umgesetzt. Das typische Muster ist dabei, dass Investitionen von Person 1 häufig positiv sind und auch Person 2 häufig einen positiven Betrag zurücksendet. Allerdings findet sich in beiden Rollen große Heterogenität. Interessant ist dabei insbesondere, dass sich im Durchschnitt für Person 1 die maximal mögliche Investition, also den gesamten Betrag an Person 2 zu senden, lohnt, also im Durchschnitt mehr als dieser Betrag zurückgesendet wird, aber geringere Investitionen sich meist nicht lohnen.

Sehr gut wird die Vielfältigkeit des Verhaltens in beiden Rollen bereits im ursprünglichen Experiment von Berg, Dickhaut und McCabe (1995) deutlich, wie in Abbildung 2 ersichtlich. Diese zeigt für alle Paare den Endbetrag von beiden Personen. Mit „No History" sind hierbei Beobachtungen aus dem ursprünglichen Experiment gekennzeichnet, mit „Social History" solche aus einem Folgeexperiment, in dem die Versuchspersonen zunächst über die Ergebnisse aus dem ursprünglichen Experiment informiert wurden. Zu Beginn des Experiments haben beide Personen je 10 US-$. Senden beide Personen der standardökonomischen Vorhersage folgend nichts, so enden wir am Punkt (10,10). Das hierüber liegende Dreieck zeigt alle möglichen Endergebnisse. Sendet Person 1 einen positiven Betrag, aber sendet Person 2 nichts zurück, so befinden wir uns auf der linken Gerade (markiert als „no payback line"), bei der für jeden von Person 1 investierten Dollar die Auszahlung für Person 1 um einen Dollar sinkt und für Person 2 um 3 Dollar steigt. Im Extremfall enden wir an der linken oberen Ecke, wenn Person 1 seine gesamten 10 Dollar an Person 2 schickt, aber nichts zurückbekommt. Wir sehen einige Punkte auf dieser Geraden, wo sich also Person 2 entsprechend der standardökonomischen Vorhersage verhält, Person 1 aber nicht, sofern wir nicht am unteren Ende im Punkt (10,10) sind. Allerdings finden sich auch viele Beobachtungen rechts dieser Geraden, was bedeutet, dass Person 2 einen positiven Betrag zurückgeschickt hat. Insbesondere finden sich einige Punkte dort, wo Person 2 genau den Betrag zurücksendet, den Person 1 geschickt hat (Breakeven line), Person 1 also wieder 10 Dollar hat, Person 2 aber von jedem investierten Dollar zwei Dollar behält, aber auch dort, wo Person 2 den Ertrag gleich aufteilt (Split total return line), also für jeden investierten Dollar 1,5 Dollar zurückschickt und 1,5 Dollar behält, und dort, wo Person 2 für jeden investierten Dollar zwei Dollar zurückschickt, so dass beide Personen je einen Dollar Gewinn pro investiertem Dollar haben und somit am Ende den gleichen Betrag bekommen (Split total earnings line). Besonders häufig sind Konstellationen, wo Person 1 die gesamten 10 Dollar investiert und entweder 15 Dollar zurückbekommt, so dass sie am Ende 15 und Person 2 dagegen 25 Dollar hat, oder sie 20 Dollar zurückbekommt, so dass am Ende beide 20 Dollar bekommen.

Was können wir aus den Experimenten zum Ultimatum- und Vertrauensspiel (und vielen weiteren Experimenten, die vergleichbare Ergebnisse liefern) für Schlussfolgerungen ziehen? Die Haupterkenntnis ist, dass sich offensichtlich (viele) Menschen nicht nur für ihr eigenes Ergebnis interessieren, sondern auch dafür, wie sich dies relativ zu den Ergebnissen der anderen verhält. Im Ultimatumspiel beobachten wir dabei offenbar etwas wie Neid gegenüber Personen, die mehr bekommen, oder negative Reziprozität, also unfreundliches Verhalten von Person 2 als Reaktion auf ein als unfreundlich empfundenes niedriges Angebot von Person 1. Im Vertrauensspiel dagegen zeigt sich im Verhalten von Person 2 etwas wie Ungleichheitsaversion oder positive Reziprozität, also positive Rückzahlungen als Reaktion auf als freundlich wahrgenommene positive Investitionen. Die Kombination dieser beiden Experimente ist also insbesondere deswegen interessant, da sie zeigen, dass beobachtetes Verhalten von der standardökonomischen Vorhersage sowohl in Richtung pro-sozialen als auch destruktiven Verhaltens abweichen kann. Für wirtschaftliche Anwendungen ist dies beispielsweise deswegen relevant, weil das Vorliegen solcher sozialer Präferenzen Verträge ermöglicht, die weniger komplex sind und auf Vertrauen basieren.

Eine wichtige Beobachtung in den vorgestellten Experimenten ist außerdem, dass starke Heterogenität beobachtet wird. So wäre zum Beispiel eine Annahme, dass alle Personen gleichermaßen altruistisch sind, mindestens so irreführend wie die, alle seien egoistisch.

Ökonomen mögen möglichst einfache Modelle, die gleichzeitig möglichst viel des beobachteten Verhaltens erklären. Eine einheitliche Erklärung für in Laborexperimenten häufig beobachtetes prosoziales und destruktives Verhalten liefert unter anderem das Modell der Ungleichheitsaversion von Fehr und Schmidt (1999). Die Grundidee dieses Modells ist einfach: Menschen mögen es grundsätzlich, mehr Geld zu bekommen, aber gleichzeitig sind sie weniger zufrieden sowohl, wenn andere mehr bekommen als sie, als auch, wenn andere weniger bekommen als sie.

Das Modell berücksichtigt die Verteilung $x = (x_1, x_2, x_n)$ von monetären Auszahlungen auf n Personen, wobei x_i die Auszahlung von Person i ist. Es wird angenommen, dass Person i folgende Nutzenfunktion maximiert:

$U_i(x) = x_i - \alpha_i (1/n-1) \sum_{j \neq i} \max[x_j - x_i, 0] - \beta_i (1/n-1) \sum_{j \neq i} \max[x_i - x_j, 0]$

Der erste Term gibt dabei den Nutzen aus der eigenen Auszahlung an, der zweite Term den Verlust an Nutzen durch die aggregierte und normalisierte Ungleichheit gegenüber allen, die eine höhere Auszahlung, und der dritte Term den Verlust an Nutzen durch die aggregierte und normalisierte Ungleichheit gegenüber allen, die eine niedrigere Auszahlung bekommen. Weiterhin nehmen Fehr und Schmidt (1999) an, dass $\beta_i \leq \alpha_i$ gilt, also dass sich Personen mehr an negativer als an positiver Ungleichheit stören und $0 \leq \beta_i < 1$, also einerseits, dass sie positive Ungleichheit nicht mögen, sich aber andererseits nicht hinreichend an ihr stören, um ihr eigenes Geld wegzuwerfen.

Im Fehr-Schmidt Modell interessieren sich Personen nur für die Verteilung der Einkommen, aber nicht dafür, wie diese zustande gekommen sind, also zum Beispiel, ob eine andere Person eine höhere Auszahlung hat, weil sie dafür eine komplexe Aufgabe erledigt hat, die höhere Auszahlung einfach zugelost bekommen hat oder aber einer anderen Person etwas weggenommen hat. Die empirische Evidenz spricht gegen die Annahme, dass sich Versuchspersonen lediglich für die Verteilung der Auszahlungen interessieren. So entscheiden sich in den Experimenten von Kritikos und Bolle (2001), Charness und Rabin (2002) und Engelmann und Strobel (2004) Versuchspersonen meist nicht dafür, höhere Auszahlungen anderer Personen zu reduzieren, die diese höheren Auszahlungen einfach zugelost bekommen haben. Personen, die mehr haben, aber nicht aufgrund eigenen unsozialen Verhaltens, werden typischerweise also nicht dafür bestraft.

Ein alternativer Ansatz ist es, Reziprozität explizit zu modellieren. Zum Beispiel kombinieren Charness und Rabin (2002) dazu Altruismus mit negativer Reziprozität, während Dufwenberg und Kirchsteiger (2004) sowohl positive als auch negative Reziprozität modellieren. Diese Modelle sind jedoch sehr viel komplexer als das Modell von Fehr und Schmidt (1999) und auch schwierig anzuwenden, da Annahmen über Erwartungen getroffen werden müssen, sofern diese nicht direkt auch erhoben werden.

Direkte Evidenz zur Relevanz von Reziprozität kommt unter anderem aus Experimenten von Falk, Fehr und Fischbacher (2003) mit Mini-Ultimatumspielen. In diesen werden die Optionen für Person 1 stark eingeschränkt. Dieses erlaubt, die relative Fairness eines Angebots durch die verfügbaren Alternativen zu variieren. Betrachtet wird eine Situation, in der Person 1 einen Betrag von 10 Geldeinheiten aufteilen kann. Eine Option ist in allen betrachteten Spielen die Aufteilung (8,2), also Person 1 erhält 8 und Person 2 nur 2. Von Interesse ist die Reaktion von Person 2 auf diesen Vorschlag. In der ersten Variante ist der einzig andere mögliche Vorschlag die Gleichaufteilung (5,5). Hier ist der Vorschlag (8,2) offensichtlich eher egoistisch. In der zweiten Variante kann Person 1 außer (8,2) nur den Vorschlag (2,8) machen, also wo sie 2 behält und Person 2 aber 8 bekommt. Da hier keine offensichtlich faire Aufteilung möglich ist, erscheint der Vorschlag (8,2) intuitiv weniger egoistisch, da hier nur noch entschieden wurde, zu wessen Vorteil die Ungleichheit ist. In der dritten Variante hat Person 1 gar keine echte Wahl, denn sie kann nur zwischen zwei Optionen wählen, die beide ein Angebot von (8,2) bedeuten. Hier ist offensichtlich das Angebot (8,2) moralisch neutral, denn Person 1 konnte nichts anderes tun. In der vierten Variante kann Person 1 wählen zwischen (8,2) und (10,0), also den ganzen Betrag zu erhalten. Intuitiv ist (8,2) hier fair, denn es ist die weniger egoistische der beiden Möglichkeiten

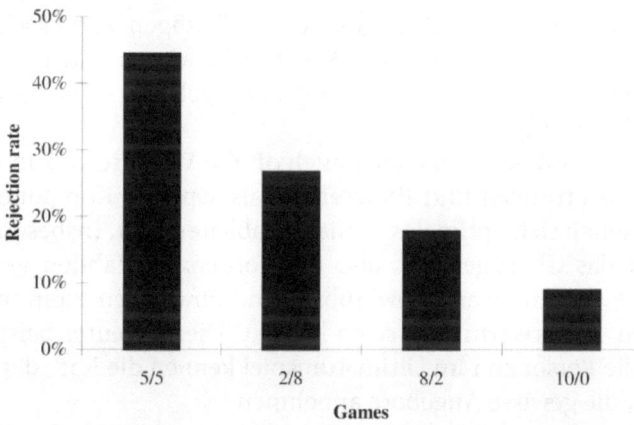

Bild 3. Ablehnungsraten für das (8,2) Angebot in Falk, Fehr und Fischbacher (2003)Abbildung 3 zeigt, mit welcher Häufigkeit das Angebot (8,2) abgelehnt wurde in Abhängigkeit vom alternativen Angebot. Ist eine Gleichaufteilung möglich, so wird in fast der Hälfte der Fälle (8,2) von Person 2 abgelehnt. Als je weniger unfair (8,2) scheint, desto geringer ist die Ablehnungsrate. Dies spricht dafür, dass Person 2 sich nicht nur für die Aufteilung des Geldbetrages interessiert, sondern auch dafür, wie dieses zustande kam, also reziprok ist. Allerdings spielt Ungleichheitsaversion als solche offenbar auch noch eine Rolle, denn selbst wenn Person 1 keine Wahl hatte, wird (8,2) noch in mehr als 15 Prozent der Fälle abgelehnt und sogar, wenn (8,2) die fairere der beiden Optionen ist, noch in fast 10 Prozent der Fälle.

2.2 Erwartungen über das Verhalten anderer

Die Heterogenität im Verhalten anderer macht für eigenes zielführendes Verhalten die Erwartungen über jenes Verhalten wichtig. So ist es für die Entscheidung von Person 1 im Ultimatumspiel wichtig, welche Angebote Person 2 annimmt und welche sie ablehnt. Da sie dies in der Regel nicht weiß, muss sie Erwartungen darüber bilden. Genauso ist es für Person 1 im Vertrauensspiel relevant, wie viel Person 2 bei unterschiedlichen gesendeten Beträgen zurückschickt. Auch dies wird Person 1 in der Regel nicht wissen und ihre Entscheidung aufgrund ihrer Erwartung bezüglich der zurückgesandten Beträge treffen.

Die Standardökonomik, aber auch oft die Verhaltensökonomik, nimmt Erwartungen und Präferenzen als separate Komponenten an, aus denen sich optimales Verhalten ableiten lässt. Insbesondere wird für das Gleichgewicht, also die Vorhersage stabilen Verhaltens, von dem niemand gewinnbringend abweichen kann, angenommen, die Erwartungen seien korrekt. Dies bedeutet beispielsweise, alle Personen 1 im Ultimatumspiel kennen die Rate der Personen 2, die gewisse Angebote annehmen.

Die Annahme der korrekten Erwartungen widerspricht oft der Realität. Versuchspersonen haben oft keine gute Vorstellung davon, was andere Versuchspersonen tun werden. Aber nicht nur sind die Erwartungen oft nicht korrekt, sondern häufig sind sie systematisch verzerrt.

So gibt es umfangreiche psychologische Evidenz, dass Erwartungen über das Verhalten oder die Einstellungen anderer in Richtung des eigenen Verhaltens oder der eigenen Einstellungen verzerrt sind. Dieses Phänomen, das von Ross, Greene und House (1977) als „False Consensus Effect" eingeführt wurde und auch als soziale Projektion bezeichnet wird, stellt die fundamentale Annahme der Standardökonomik über die Unabhängigkeit von Erwartungen und Präferenzen in Frage. Dabei argumentiert Dawes (1989), dass dieser Zusammenhang zwischen eigenem Verhalten und den Erwartungen über das Verhalten anderer zunächst einmal nicht von vornherein als irrational zu bewerten ist, da Wissen über eigene Handlungen oder Vorlieben grundsätzlich genauso informativ ist wie Wissen über eine andere Person und damit zur Erwartungsbildung herangezogen werden kann. Irrational (und damit „false") wäre es erst, wenn eigenes Verhalten als informativer angesehen würde als Wissen über eine beliebige andere Person. Tatsächlich findet sich im Experiment von Engelmann und Strobel (2000), dass Wissen über eigenes Verhalten nicht einflussreicher als Information über das Verhalten zufällig ausgewählter anderer bei der Einschätzung des Verhaltens weiterer Versuchspersonen ist. Stattdessen wird das eigene Verhalten eher untergewichtet im Vergleich zur Information über andere. Allerdings zeigen Engelmann und Strobel (2012), dass dies nur gilt, wenn die Information über andere leicht zugänglich ist. Muss diese erst erschlossen werden, so hat die eigene Entscheidung einen größeren Einfluss auf die Erwartungen.

Wie sich die Verbindung von Präferenzen und Erwartungen auf die Interpretation von Experimenten auswirkt, ergibt sich aus dem häufig beobachteten Muster, dass sich Versuchspersonen in verschiedenen Rollen eines Spieles oft ähnlich verhalten. Beispielsweise senden Versuchspersonen, die im Vertrauensspiel als Person 1 einen großen Betrag senden, oft auch als Person 2 einen großen Betrag, während andere in beiden Rollen wenig senden. Eine naheliegende Erklärung hierfür ist, dass die Versuchspersonen heterogen bezüglich ihrer allgemeinen Neigung zur Kooperation sind. Manche Personen sind also in beiden Rollen eher kooperativ, andere in beiden Rollen weniger kooperativ. Eine alternative Erklärung ergibt sich mittels des Consensus Effects. Wer als Person 2 reziprok ist, also viel zurückschickt, wenn sie viel bekommt, erwartet dies bei Vorliegen eines Consensus Effects auch von anderen. Gegeben diese Erwartung lohnt sich dann eine hohe Investition als Person 1. Evidenz für die zweite Erklärung findet sich im Experiment von Blanco, Engelmann, Koch und Normann (2014). Hier handeln Versuchspersonen in beiden Rollen in einem Vertrauensspiel. Außerdem wird die Erwartung über das Verhalten anderer in der Rolle von Person 2 erhoben. Es zeigt sich, dass Erwartungen und der Consensus Effect für die Erklärung des Verhaltens wichtiger sind als eine generelle Kooperationsneigung. Insbesondere ist Kooperation in der Rolle von Person 2 stark mit der Erwartung über die Kooperationsneigung anderer Personen korreliert, und das Verhalten in der Rolle von Person 1 lässt sich fast vollständig als

Einkommensmaximierung gegeben die Erwartung über Person 2 erklären.

2.3 Selbstbild und Fremdbild

Wie im vorangehenden Abschnitt argumentiert, sind die Erwartungen über das Verhalten anderer für eigenes Verhalten relevant. Darüber hinaus gibt es aber auch klare Evidenz, dass Menschen sich dafür interessieren, was andere über sie denken, also ihre Reputation oder sogenanntes „Social Image", oder auch, was sie über sich selber denken. Zum Teil hat diese Reputation offenbar einen direkten Konsumwert für manche Menschen, zum Teil aber auch einen instrumentellen Wert durch die Erwartung reziproken Verhaltens. So ist es von Vorteil für Person 2 im Vertrauensspiel, wenn Person 1 sie für kooperativ hält, also dass Person 2 auf eine hohe Investition mit einer hohen Rückzahlung reagiert, denn mit dieser Erwartung wird Person 1 eher viel investieren, was wiederum von Vorteil für Person 2 ist. Weiterhin zeigen unter anderem Seinen und Schram (2006), dass Versuchspersonen mit einer Reputation für Hilfsbereitschaft von Dritten belohnt werden. Jedoch finden Engelmann und Fischbacher (2009), dass Versuchspersonen daher auch strategisch anderen helfen, um ihre Reputation zu verbessern.

Evidenz für direkten Nutzen aus Reputation finden unter anderem Dana, Cain, Dawes (2006). Sie führen ein einfaches Diktatorspiel durch, das einem Ultimatumspiel ohne Handlungsoption für Person 2 entspricht, wo also Person 1 eine Aufteilung als Diktator durchsetzen kann. Zunächst beschließt also in ihrem Experiment Person 1 eine Aufteilung von 10 US-$. Nachdem sie ihre Entscheidung getroffen hat, aber bevor diese umgesetzt wird, bekommt Person 1 überraschend eine Ausstiegsoption angeboten. In dieser bekommt sie selbst 9 US-$ und Person 2 bekommt 0, aber Person 2 erfährt nicht, dass das Spiel überhaupt stattgefunden hat. Es findet sich, dass 28 % die Ausstiegsoption wählen und die Wahl der Ausstiegsoption unabhängig von der Höhe des vorherigen Transfers ist. Diese Entscheidungen sind unvereinbar mit einem Modell von Präferenzen über Verteilungen wie dem Modell von Fehr und Schmidt (1999), denn danach sollte es immer vorzuziehen sein, 10 zu behalten als 9. Das Ergebnis legt nahe, dass Person 1 Person 2 nicht enttäuschen will oder sich dafür interessiert, was Person 2 über sie denkt, selbst wenn die Interaktion anonym bleibt. Eine egoistische Person 1, die sich hinreichend für ihr „Social Image" interessiert, macht also einen positiven Transfer, wenn Person 2 erfährt, dass das Diktatorspiel gespielt wurde, aber zieht es vor, dass Person 2 gar nicht weiß, dass das Spiel gespielt wird.

Auch das Streben nach positiver Reputation lässt sich als Nutzenmaximierung modellieren. Im Ansatz von Bénabou and Tirole (2006) wird angenommen, Menschen sind heterogen in Bezug auf ihren Altruismus und ihre Geldgier. Sie interessieren sich außerdem für ihre Reputation. Im Modell wählt eine Person ihren Beitrag a zu einer pro-sozialen Aktivität. Diese hat für sie Kosten $C(a)$, welche zum Beispiel Mühen für eine gemeinnützige Tätigkeit sein können. Zusätzlich wird angenommen, es gibt eine materielle Belohnung ya ($y > 0$) oder materielle Kosten ($y < 0$). Mit v_a und v_y werden die intrinsische Bewertung der prosozialen Aktivität und von Geld bezeichnet. Personen sind nun charakterisiert durch ihre pro-soziale Orientierung und ihr Interesse an Geld. Dieser Präferenztyp (v_a, v_y) wird zufällig gezogen und ist private Information, also der Person selbst, aber nur ihr bekannt. Der direkte Nutzen daraus, einen Beitrag in Höhe von a zu der pro-sozialen Aktivität zu leisten, ist dann $(v_a + v_y y)a - C(a)$.

Zusätzlich haben Entscheidungen jedoch auch Auswirkungen auf die Reputation der Person. Das bedeutet, Beobachter ziehen Schlussfolgerungen aus dem gewählten Beitrag a über die pro-soziale Motivation der handelnden Person und über ihr Interesse an Geld. Dabei ergibt sich eine Reputationswirkung der Entscheidung a gegeben Anreiz y von

$R(a, y) = x[\gamma_a E(v_a|a, y) - \gamma_y E(v_y|a, y)]$

Hierbei ist $E(v_a|a, y)$ der durchschnittliche (in ökonomischer Terminologie der erwartete) Wert der pro-sozialen Motivation v_a der Personen, welche die pro-soziale Aktivität im Ausmaß a ausüben gegeben den monetären Anreiz y. Entsprechend ist $E(v_y|a, y)$ das durchschnittliche Interesse an Geld v_y der Personen, welche die pro-soziale Aktivität im Ausmaß a ausüben gegeben den monetären Anreiz y. Wichtig ist, dass beide Erwartungswerte vom monetären Anreiz abhängen, denn wenn eine pro-soziale Aktivität materiell nicht entlohnt wird, wird sie nur von Personen mit hoher intrinsischer Motivation ausgeübt, während bei hoher Entlohnung auch oder sogar hauptsächlich Personen mit hoher materieller Motivation teilnehmen. Weiter wird angenommen, dass $\gamma_a \geq 0$ und $\gamma_y \geq 0$, denn Menschen wollen wahrgenommen werden als solche, die sich für die soziale Aktivität interessieren, aber nicht für Geld, und R steigt so in der wahrgenommenen intrinsischen Motivation und sinkt in der wahrgenommenen materiellen Motivation. Schließlich misst $x > 0$ die Sichtbarkeit der Aktionen, das heißt, ist meine Aktion sichtbarer, spielt die Reputation eine größere Rolle.

Nun wird angenommen, für gegebenes y wird a so gewählt, dass folgende Funktion maximiert wird:

$(v_a + v_y y)a - C(a) + x[\gamma_a E(v_a|a, y) - \gamma_y E(v_y|a, y)]$

Personen maximieren also eine Kombination aus ihrem direkten Nutzen aus der pro-sozialen Aktivität und der Reputation, die sie damit erlangen.

Das Modell von Bénabou and Tirole (2006) kann beispielsweise die Verdrängung pro-sozialen Verhaltens durch Anreize erklären, also dass intrinsisch motivierte Personen eine Aktivität ausüben, wenn sie nicht dafür bezahlt werden, aber nicht, wenn sie dafür bezahlt werden. Betrachten wir hierzu eine Person, die sich stark für eine Aktivität (v_a groß) und Reputation interessiert (γ_a und γ_y groß), aber wenig für Geld (v_y klein). Sie würde dann ohne materiellen Anreiz die Aktivität ausüben, da sie intrinsisch motiviert ist und außerdem nur intrinsisch motivierte Personen in diesem Fall die Aktivität ausüben, so dass sie auch einen positiven Reputationsgewinn hat. Mit monetären Anreizen dagegen ist der Reputationseffekt nicht mehr eindeutig, da auch materiell motivierte Personen die Aktivität ausüben. Damit könnte es für eine Person, die intrinsisch und durch Reputation motiviert ist, nicht mehr attraktiv sein, die pro-soziale Aktivität auszuüben.

Die Anwendung des Modells von Bénabou and Tirole (2006) auf die Verdrängung intrinsischer Motivation basiert auf der Annahme, die intrinsisch motivierten Personen seien auch an Reputation interessiert. Tatsächlich nehmen die Autoren an, alle Menschen seien gleichermaßen an Reputation interessiert. Unterscheiden sie sich dagegen in ihrem Streben nach Reputation, sind sie auch unterschiedlich von der Verdrängung intrinsischer Motivation betroffen. Dies wirft die Frage auf, ob es auch in Bezug auf das Interesse an Reputation Heterogenität gibt. Hierzu gibt es relativ wenig empirische Evidenz aus dem Feld. Filippin, Fiorio und Viviano (2013) finden eine negative Korrelation zwischen intrinsischer Steuermoral und dem Interesse, das Stigma unehrlicher Steuerzahlung zu vermeiden. Charles, Hurst und Roussanov (2009) zufolge geben ärmere Gruppen relativ mehr Geld für Konsum aus, der Wohlstand signalisieren soll.

Direkte kontrollierte Evidenz für Heterogenität von Reputationsstreben finden Friedrichsen und Engelmann (2018). In diesem Laborexperiment wird pro-sozialer Konsum in Form von Fairtrade-Schokolade untersucht. Dabei wird die Relevanz von Reputationsstreben für separate Gruppen geschätzt, die sich in ihrer intrinsischen Motivation unterscheiden.

Vor dem eigentlichen Laborexperiment treffen die Versuchspersonen eine Wahl zwischen Fairtrade- und konventioneller Schokolade als Schätzung für ihre intrinsische Motivation. Das eigentliche Laborexperiment besteht aus zwei Teilen, einem Marktexperiment, das hier nicht weiter relevant ist, und der Erhebung von Zahlungsbereitschaften für Fairtrade- und konventionelle Schokolade. Von Interesse ist hier die Fairtrade-Prämie *WTPdiff*, die sich als die Differenz zwischen der Zahlungsbereitschaft für Fairtrade- und konventionelle Schokolade errechnet. Deren Erhebung unterscheidet sich zwischen zwei Treatments. Im Treatment *private* werden die Zahlungsbereitschaften nur am Computer eingegeben und die Schokolade, welche die Personen je nach angegebener Zahlungsbereitschaft und zufällig bestimmtem Preis möglicherweise erwerben, wird in einem Nebenraum ausgegeben. Im Treatment *public* müssen nach Eingabe der Zahlungsbereitschaften die Versuchspersonen aufstehen, sagen ihre Zahlungsbereitschaften an und bekommen die gegebenenfalls erworbene Schokolade öffentlich ausgehändigt.

Die wichtigste Beobachtung ist, dass mit öffentlichen Entscheidungen die Fairtrade-Prämie für diejenigen steigt, die in der Entscheidung vor dem Laborexperiment konventionelle Schokolade gewählt hatten, dagegen aber für diejenigen sinkt, die Fairtrade-Schokolade gewählt hatten, wie in Abbildung 4 ersichtlich.

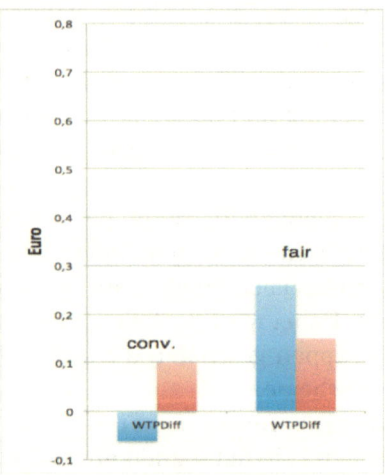

Bild 4. Durchschnittliche Fairtrade-Prämien (*WTPDiff*) in Engelmann und Friedrichsen (2018) für diejenigen, die in der Entscheidung vor dem Experiment konventionelle (conv.) oder Fairtrade-Schokolade (fair) gewählt hatten, im *private* Treatment (jeweils linker Balken) und *public* Treatment (jeweils rechter Balken)

Diese Ergebnisse legen in Abweichung der Annahme gleichen Reputationsstrebens aller in Bénabou und Tirole (2006) nahe, dass Reputationsstreben und intrinsische Motivation negativ korreliert sind. Es sind also gerade diejenigen, die nicht aus eigenem Interesse Fairtrade wählen, die eine stärkere Neigung dazu zu signalisieren versuchen, wenn andere zuschauen. Sollte sich diese negative Korrelation zwischen intrinsischer Motivation und Reputationsstreben auch allgemein zeigen, so würde dies beispielsweise bedeuten, dass materielle Anreize nicht die intrinsisch motivierten Personen von einer pro-sozialen Aktivität abhalten, sondern eher Personen, die nur als solche wahrgenommen werden wollen.

3 Zusammenfassung

Was zeigen uns diese Beobachtungen in relativ einfachen Entscheidungssituationen über den Ort des Menschen in der Ökonomik, also darüber, wie sehr er über seine Positionen gegenüber und Beziehungen mit anderen Menschen beeinflusst ist? Wir sind ausgegangen von den Annahmen der Standardökonomik. In dieser sind soziale Beziehungen hauptsächlich instrumentell, also der Mensch interessiert sich für andere Menschen nur in dem Maße, wie sie ihm in seinem Streben nach Glück nützlich sein können oder ihn darin hindern.

In der Verhaltensökonomik dagegen sind die sozialen Beziehungen komplex. Zunächst zeigen die Ergebnisse aus Experimenten mit Ultimatumspielen und aus vielen weiteren Experimenten, dass Menschen soziale Präferenzen haben. Hierbei findet sich, dass sie sich einerseits für Ergebnisse anderer interessieren, also beispielsweise altruistisch oder ungleichheitsavers sind, andererseits aber auch dafür, wie diese zustande gekommen sind, also reziprok sind. Wichtig ist dabei, dass Menschen sich in dem Ausmaß und der Art ihrer sozialen Präferenzen deutlich unterscheiden. Eine weitere wichtige Einsicht sowohl der Standardökonomik als auch der Verhaltensökonomik ist, dass Menschen für erfolgreiche Entscheidungen Erwartungen bilden, was andere tun. Aufgrund der beobachteten Heterogenität der Präferenzen anderer ist dies typischerweise schwierig. Eine wichtige Beobachtung ist, dass diese Erwartungen häufig systematisch verzerrt sind, beispielsweise indem Menschen von sich auf andere schließen. Schließlich haben wir gesehen, dass Menschen sich offenbar für ihre Reputation interessieren und auch hierin heterogen sind.

Diese Beobachtungen führen zu systematischen Abweichungen von Vorhersagen der Standardökonomik. Dies wiederum hat Auswirkungen beispielsweise auf die Ausgestaltung optimaler Verträge.

Widersprüchlich sind experimentelle Ergebnisse zur Stabilität von Präferenzen, also ob einzelne Menschen in ähnlichen Situationen ähnliche Entscheidungen treffen, und auch, ob sie bei Wiederholungen der gleichen Aufgabe nach längerer Zeit sich gleich entscheiden. Relativ schlecht ist auch verstanden, was Präferenzen bestimmt.

Literatur

Bénabou, Roland/Tirole, Jean (2006): Incentives and Prosocial Behavior, American Economic Review 96, 1652-1678.

Berg, Joyce/Dickhaut, John / McCabe, Kevin (1995): Trust, Reciprocity, and Social History, Games and Economic Behavior 10, 122-142.

Blanco, Mariana/Engelmann, Dirk/Normann, Hans-Theo (2011): A Within-subjects Analysis of Other-regarding Preferences, Games and Economic Behavior 72, 321-338.

Blanco, Mariana/Engelmann, Dirk/Koch, Alexander K./Normann, Hans-Theo (2014): Preferences and Beliefs in a Sequential Social Dilemma: A Within-subjects Analysis, Games and Economic Behavior 87, 122-135.

Charles, Kerwin Kofi/Hurst, Erik/Roussanov, Nikolai (2009): Conspicuous Consumption and Race, Quarterly Journal of Economics 124, 425-467.

Charness, Gary/Rabin, Matthew (2002): Understanding Social Preferences with Simple Tests, Quarterly Journal of Economics 117, 817-869.

Dana, Jason/Cain, Daylian M./Dawes, Robyn M. (2006): What You Don't Know Won't Hurt Me: Costly (but Quiet) Exit in Dictator Games, Organizational Behavior and Human Decision Processes 100, 193–201.

Dawes, Robyn M. (1989): Statistical Criteria for Establishing a Truly False Consensus Effect, Journal of Experimental Social Psychology 25, 1-17.

Dufwenberg, Martin/Kirchsteiger, Georg (2004): A Theory of Sequential Reciprocity, Games and Economic Behavior 30, 163-182.

Engelmann, Dirk/Fischbacher, Urs (2009): Indirect Reciprocity and Strategic Reputation Building in an Experimental Helping Game, Games and Economic Behavior 67, 399-407.

Engelmann, Dirk/Strobel, Martin (2000): The False Consensus Effect Disappears if Representative Information and Monetary Incentives are Given, Experimental Economics 3, 241-260.

Engelmann, Dirk/Strobel, Martin (2004): Inequality Aversion, Efficiency, and Maximin Preferences in Simple Distribution Experiments, American Economic Review 94, 857-869.

Engelmann, Dirk / Strobel, Martin (2012): Deconstruction and Reconstruction of an Anomaly, Games and Economic Behavior 76, 678-689.

Falk, Armin/Fehr, Ernst/Fischbacher, Urs (2003): On the Nature of Fair Behavior, Economic Inquiry 41, 20-26.

Fehr, Ernst/Schmidt, Klaus (1999): A Theory of Fairness, Competition, and Cooperation, Quarterly Journal of Economics 114, 817-868.

Filippin, Antonio/Fiorio, Carlo V./Viviano, Eliana (2013): The Effect of Tax Enforcement on Tax Morale, European Journal of Political Economy 32, 320-331.

Friedrichsen, Jana/Engelmann, Dirk (2018): Who Cares about Social Image?, European Economic Review 110, 61-77.

Güth, Werner/Schmittberger, Rolf/Schwarze, Bernd (1982): An Experimental Analysis of Ultimatum Bargaining, Journal of Economic Behavior and Organization 3, 367-388.

Hoffman, Elizabeth/McCabe, Kevin/Smith, Vernon (1996): On Expectations and the Monetary Stakes in Ultimatum Games, International Journal of Game Theory 25, 289-301.

Kritikos, Alexander/Bolle, Friedel (2001): Distributional Concerns: Equity- or Efficiency-oriented?, Economics Letters 73, 333-338.

Ross, Lee/Green, David/House, Pamela (1977): The "False Consensus Effect": An Egocentric Bias in Social Perception and Attribution Processes, Journal of Experimental Social Psychology 13, 279-301.

Seinen, Ingrid/Schram, Arthur (2006): Social Status and Group Norms: Indirect Reciprocity in a Helping Experiment, European Economic Review 50, 581-602.

Simon, Herbert (1957): Models of Man, New York.

Smith, Adam (1776): An Inquiry into the Nature and Causes of the Wealth of Nations, London.

Rüdiger Lux

Land – Gott – Thora
Drei Orte israelitisch-jüdischer Existenz

1. Grundsätzliches

Die letzten Worte der Kantate 6 des Weihnachtsoratoriums »Herr, wenn die stolzen Feinde schnauben« (BWV 248/VI), die zum Epiphaniasfest am 6. Januar 1735 im Frühgottesdienst in St. Thomas zu Leipzig uraufgeführt wurde, lauten:

»Tod, Teufel, Sünd und Hölle
sind ganz und gar geschwächt,
bei Gott hat seine Stelle
das menschliche Geschlecht.«[1]

Den Gegenpol zu dieser Aussage, die dem menschlichen Geschlecht seine Stelle bei Gott einräumt, hat der weise Kohelet in seiner skeptischen Nüchternheit auf den Punkt gebracht. Gegen eine distanzlose Gebetspraxis seiner Tage betont er Gott als den »ganz Anderen«, denn

»Gott ist im Himmel, und du (Mensch) bist auf der Erde.«
(Koh 5,1)[2]

In dieser Grundspannung von Gottesnähe und Gottesferne bewegen sich alle Aussagen über den Ort des Menschen in der Hebräischen Bibel. Das bedeutet, dass nicht nur der Mensch, sondern auch die Orte, an denen er sich in seiner Welt vorfindet, nicht unabhängig von seinem Gottesbezug gesehen werden. Welt und Mensch werden immer in ihrem Gegenüber zu Gott bedacht und damit auf eine Größe bezogen, die mehr ist und anders ist als sie

---

[1] Petzoldt 2007, 389ff.
[2] Schwienhorst-Schönberger, (2004), 313f.

selbst; eine Wirklichkeit hinter allen Welt- und Menschenwirklichkeiten.

Die entscheidende und unaufhebbare Differenz zwischen Gott einerseits sowie Mensch und Welt andererseits ist die zwischen Schöpfer und Geschöpf. Sie bestimmt nicht nur unser menschliches Selbstverständnis, sondern auch unser Verhältnis zur Welt und zu den Orten, an denen wir in ihr leben. Was vom menschlichen Leben gilt »*Er hat uns gemacht und nicht wir selbst*« (Ps 100,3) das gilt in gleicher Weise von der Welt. Er hat sie gemacht und nicht wir selbst, und zwar *pro me/nobis*. Ich nehme damit einen Gedanken *Franz Rosenzweigs* auf, den er im Frühjahr 1922 in seiner Vorlesung »Die Wissenschaft von der Welt« im Freien Jüdischen Lehrhaus in Frankfurt a.M. entfaltet hat. In seinem Ringen um das, was denn die *wirkliche* Welt im Unterschied zu den Welten der Kunst, der Wissenschaften, des Rechts, der Politik und der Technik sei, die sich alle an ihren je eigenen Weltanschauungen abarbeiten, daran, die Welt zu beherrschen, kommt er zu dem Schluss:

> »Die Herrschaft, die ihn (den Menschen, R.L.) frei läßt, kann er nämlich nur ausüben, wenn er anerkennt, daß er – nicht alles erst zu machen hat, sondern daß die Welt – schon gemacht ist. Gerade die größte Aktivität des Menschen, eben die technische, muß sich binden an das Vorhandensein der Welt. [...] Das ist die Grenze der Technik, innerhalb derer sie gesund bleibt. [...] Die Welt ist schon gemacht. Das ist die ungeheure Tatsache [...] gerade da, wo wir uns auf der Höhe des ›Machens‹ wissen«.[3]

Ingolf U. Dalferth hat diese Einsicht von der Vorgegebenheit der Wirklichkeit der Welt als *Grundpassivität* beschrieben,[4] die allen menschlichen Aktivitäten vorausgeht, einer Grundpassivität, aus der wir hervorgegangen sind, in der etwas für uns und an uns geschehen ist, ohne dass wir selbst etwas dazu beitragen konnten oder mussten. Wir haben die Welt als Ort unseres Lebens empfangen, und zwar »umsonst«.[5] Diese Grundpassivität, die uns immer schon vorausgeht, die sich nicht dem *homo faber* verdankt, ist eine

---

[3] Franz Rosenzweig 1984, 662.
[4] Eine Charakterisierung, die bereits bei *Rosenzweig* (1984, 656) begegnet: »Wenn sie (die Welt, R.L.) ist, muß sie auch erkennbar sein. Sie ist passiv. Sie bietet sich uns dar zum Erkennen.«
[5] Dalferth 2011, 5ff.

existentielle Erfahrung, die sich auch nicht allein auf Geburt und Tod, Anfang und Ende des Lebens reduzieren lässt. Vielmehr sind wir als Erdenkinder ständig einem nicht von uns verursachten Wirken ausgesetzt. Daher spricht Ingolf U. Dalferth von ihr als einer »kreativen Passivität«, die uns affiziert.[6] Vom ersten bis zum letzten Atemzug geschieht etwas an uns, zu dem wir nichts beitragen können. Licht und Dunkelheit, Wechsel der Jahreszeiten, Wachsen und Vergehen, Wachen und Schlafen. Erst aus dieser kreativen Grundpassivität heraus, in der wir uns vorfinden, werden wir befähigt, selbst aktiv und kreativ zu werden. Und daher ist der Mensch theologisch vor allem als ein *Möglichkeitswesen* zu verstehen, dem die ihm stets vorausgehende kreative Passivität ständig neue Möglichkeiten zuspielt. Oft überraschende, »unverfügbare Möglichkeiten«, die sich nicht seiner eigenen Aktivität verdanken, sondern vor ihm auftun, von ihm ergriffen oder auch verworfen werden können.[7]

Meine Grundthese lautet daher, dass sich nach der Hebräischen Bibel an den Lebensorten jedes Menschen solche Erfahrungen einer kreativen Grundpassivität auftun. Wo immer wir uns wiederfinden, spielt Gott uns neue Möglichkeiten des Lebens zu.

2. Der Ort des Menschen in Urzeit und Endzeit

Schon die Ursprungs- und Endzeitmythen der Völker[8] setzen dieses Phänomen einer kreativen Passivität voraus. Gott hat aus dem Urzeitchaos, dem Tohuwabohu,[9] die geordnete Schöpfung hervorgehen lassen, indem er das Licht von der Finsternis, die Wasser unter der Himmelsfeste von denen über der Himmelsfeste, das Meer vom Trockenland schied, um auf diese Weise Räume, Orte des Lebens für Pflanzen, Tiere und Menschen zu schaffen (Gen 1). Aus dieser als »sehr gut« qualifizierten Schöpfung (Gen 1,31) geht dann nach

---

[6] Dalferth 2011, 231ff.
[7] Dalferth 2011, 7ff.
[8] Grundlegend dazu ist nach wie vor Gunkel, 1895, und Keel/ Schroer 2002, 100ff. Eine leicht zugängliche Textsammlung findet sich bei Eliade 1991.
[9] Die biblischen Schöpfungserzählungen gehen nicht von der Konzeption einer creatio ex nihilo aus. Vielmehr vollzieht sich das Schöpfungshandeln Gottes im Ordnen und Unterscheiden des Vorhandenen. Wichtig dazu Bauks 1997.

dem zweiten Schöpfungsbericht in Gen 2-3 für Gott, Mensch und Tier der Garten Eden (*gan 'eden*) hervor. Seiner Semantik nach ein »*Garten der Wonne*«,[10] ein Ort des Heils (Gen 2,8ff.).[11] Während sich der Schöpfer in ihm im Abendwind erging (Gen 3,8), sollte der Mensch ihn als Gärtner bebauen und bewahren (Gen 2,15). Alle Fruchtbäume gab ihm Gott als Nahrungsquelle frei außer dem »Baum der Erkenntnis des Guten und des Bösen« (Gen 2,8-15). Was daraus wurde, ist bekannt. Der Mensch hat sich in seinem Streben, Gott gleich zu werden, die Grunddifferenz zwischen Schöpfer und Geschöpf aufzuheben, gegen Gottes Gebot entschieden. Der Garten Eden als Ort der Gottesnähe, Gottes Vorgabe für den Menschen, ist verloren. Das Paradies wurde zu einem *Nicht-Ort*, einer Utopie.

Und doch bleibt die Erde jenseits von Eden dem Menschen in all ihrer Widersprüchlichkeit von Gut und Böse, Segen und Fluch erhalten. Ort mühevoller, aber nicht nur vergeblicher Arbeit, Ort des Schreckens zwischen Mensch und Tier, Ort des Fressens und Gefressenwerdens (Gen 9,2). Und gerade deswegen ein Ort, an dem der Schutz des menschlichen Lebens unter einer Generalprävention steht: *Wer Menschenblut vergießt* (ob Mensch oder Tier), *dessen Blut soll um des Menschen willen vergossen werden; denn Gott hat den Menschen zu seinem Bilde gemacht* (Gen 9,5-6).[12]

Die Erde jenseits von Eden ist demnach besser als ihr Ruf. Sie bleibt ein Ort, auf dem der Mensch sich vermehren kann und soll, auf dem er leben und arbeiten kann, Gut und Böse, Leid und Freude erfährt. Sie ist und bleibt trotz aller Widrigkeitserfahrungen Gottes gute Gabe.[13] Und als solche spielt sie auch dem in der Gottesferne lebenden Menschen immer neue ungeahnte Möglichkeiten des Lebens zu. Diese Dialektik von Gabe und Verlust, Gottesnähe und Gottesferne kennzeichnet die gesamte Theologie des Ortes in der Bibel Israels.

Doch nicht nur das Gegebene, sondern auch das Verlorene wandert seither mit uns durch die Zeit. Der Garten Eden bleibt ein

---

[10] Vgl. Kedar-Kopfstein, 1986, 1098ff. und Pfeiffer 2006.
[11] Zur kulturgeschichtlichen und religiösen Bedeutung des Gartens im Alten Orient und Alten Testament siehe Riede 2011.
[12] Vgl. Zenger 1983, 116ff., und Fischer 2018, 492ff.
[13] Das kommt vor allem in den Festen Israels und der Art und Weise zum Ausdruck, wie selbst der Skeptiker Kohelet das Leben feiern kann. Siehe dazu Schwienhorst-Schönberger 2003, 133ff.

Sehnsuchtsort, ein Hintergrundrauschen menschlicher Geschichte bis ans Ende der Zeiten.¹⁴ Israel jedenfalls wurde nicht müde, Bilder solcher Endzeithoffnungen zu entwerfen, Paradiesbilder, Bilder vom messianischen Reich:¹⁵

> »Da wird der Wolf beim Lamm wohnen
> und der Panther beim Böcklein lagern.
> Kalb und Junglöwe mästen sich miteinander,
> und ein kleiner Knabe wird sie treiben.
> Kuh und Bärin werden miteinander weiden
> und ihre Jungen miteinander lagern.
> Und der Löwe wird Stroh fressen wie das Rind.
> Der Säugling spielt am Loch der Viper,
> und ein kleines Kind wird seine Hand ausstrecken nach der Höhle der Kreuzotter.
> Man wird weder Bosheit noch Schaden tun
> auf meinem ganzen heiligen Berg.
> Denn das Land ist voll der Erkenntnis des Herrn
> wie Wasser das Meer bedeckt.« (Jes 11,6-9)¹⁶

Dieses jesajanische Bild vom messianischen Tierfrieden, von der Aufhebung des Fressens und Gefressenwerdens der Tiere untereinander sowie zwischen Mensch und Tier, macht deutlich: So wie sich die Schöpfung der Urzeit mit dem Garten Eden nicht dem Menschen verdankt, sondern allein dem Schöpfer, so wird auch die messianische Endzeit nicht durch menschliche Aktivitäten und noch so gut gemeinte Rettungsversuche heraufgeführt werden, sondern allein von Gott. So wie die Urzeit des Gartens Eden im Modus der Erinnerung, des »*Nicht mehr*«, mit uns durch die Zeit geht, so begleitet die Endzeit des messianischen Reiches im Modus der Hoffnung, des »*Noch nicht*«, unsere Geschichte.

---

¹⁴ Vgl. Ebach 1986, 16-12, sowie Löning/Zenger 1997, 18ff. und 230-241.
¹⁵ Eine gute Einführung bieten Koenen/Kühschelm, 1999.
¹⁶ Vgl. dazu Steck 1992, 104ff., und Beuken, 2003, 307ff.

3. Vom Land der Verheißung

Während das Verhältnis von Mensch und Erde in den Ur- und Endzeittexten der Bibel eine universale Perspektive im Blick hat, fokussiert sich von Gen 12 an der Blick der biblischen Erzähler auf die partikulare Geschichte des Volkes Israel. Wie hat Israel sich selbst vor Gott und seine Rolle in der Welt inmitten der Völker verstanden?[17] Das wird unmittelbar nach der biblischen Urgeschichte in einem grandiosen Präludium zur Geschichte Israels und der Völker festgehalten:

> »Da sprach JHWH zu Abram, gehe, du, aus deinem Land und deiner Verwandtschaft sowie aus dem Haus deines Vaters in das Land, das ich dir zeigen werde. Und ich will dich zu einem großen Volk machen, ich will dich segnen und dir einen großen Namen machen. Und du sollst ein Segen sein. Ich will segnen, die dich segnen. Und den, der dich erniedrigt, will ich verfluchen. Und durch dich sollen alle Sippen der Erde gesegnet sein.«
>
> (Gen 12,1-3)

Diese Verheißung an Abraham, den Stammvater Israels, ergeht an einen Einzelnen und zielt doch zugleich aufs Ganze, auf alle Sippen der Erde in Raum und Zeit ab.[18]

Eine Verheißung ist mehr als ein Versprechen. Ein Versprechen, das ich jemandem gebe, kann ich einlösen, womit es sich erledigt hat. Die Verheißung ist hingegen ein der Gottesbeziehung des Menschen widerfahrendes Versprechen auf Zukunft hin.[19] Sie sprengt den Gegenwartshorizont, hat stets einen Überschusscharakter. Sie geht nicht in einmaligen, innerweltlichen, geschichtlichen Konstellationen auf, sondern setzt stets neue Erwartungs- und Hoffnungshorizonte frei. In den Verheißungen der Bibel Israels wird das aufbewahrt, was von den Versprechen noch uneingelöst,

---

[17] Aus der Fülle der Arbeiten zur theologischen Bedeutung des Landes Israel in biblischer Zeit vgl. vor allem von Rad 1971, 87ff., Wildberger 1956, 404ff., Rendtorff 1975, Ohler 1979, Diepold, 1972, Strecker 1983 und Köckert 1991, 43ff.

[18] Als Gesamtüberblick zur Thematik siehe Westermann 1976 und Köckert 1988.

[19] Zur Problematik der Begrifflichkeit vgl. Köckert 2002, 698: »Allen Bemühungen um eine genauere Bestimmung zum Trotz ist Verheißung ein schillernder Begriff geblieben.«

unvollendet blieb. Und gerade darin werden sie zu einer Herausforderung für das Heute. Sie geben eine Richtung an, werden zu einer Orientierungslinie, die Gott in unser Leben eingeschrieben hat. Das wird schon daran deutlich, dass sich spätere Generationen immer wieder auf einmal ergangene Verheißungen beziehen, auch wenn sie zeitweise in Erfüllung gingen. »Damit sich der Mensch in je seiner Zeit und seinem Raum orientieren kann, ist er genötigt, über sich selbst, seine kleine, endliche Lebensgeschichte hinaus nach dem Woher und dem Wohin zu fragen.«[20] So verdichtet sich in der Verheißung an Abraham exemplarisch bereits das gesamte irdische Drama der Geschichte Gottes mit seinem Volk Israel in Kanaan und unter den Völkern, sein *Woher* sowie sein *Wohin*.

Dieses Drama begann mit der Zumutung eines Exodus aus allen vertrauten Strukturen (Land, Verwandtschaft, Vaterhaus) in ein noch unbekanntes Land.[21] Das Muster der mythischen Urzeit wiederholt sich in der Geschichtszeit. Gegebenes muss man hinter sich lassen, es geht verloren. Aber gerade in der Zumutung des Loslassens von Vertrautem spielt Gott Abraham neue Möglichkeiten des Lebens zu: Ein Land, das er ihm zeigen will. Möglichkeiten, die weit über das hinausgehen, was er zurücklassen musste: zahlreiche Nachkommen, ein großer Name und die Fülle des Segens, der Lebenskraft für ihn und alle Völker, die Abraham segnen. Diese Verheißungsfülle geht von nun an mit durch die Geschichte Israels. Abraham kommt in das Land Kanaan (Gen 12,4-9). Und Gott bekräftigt seine Zusage, ihm das Land zu geben (Gen 13,14-18). Zugleich wird aber von Anfang an das Verhältnis Abrahams und seiner Nachkommen zu dieser Landgabe als stets gefährdet, brüchig und vergänglich betrachtet. Er selbst bleibt ein Fremdling im Land (Gen 17,8), das Gott ihm und seinen Nachkommen in einem doppelten Bund (Gen 15;17) als *ʾachussah ʿolam* (ewigen Besitz) zugeschworen hat (17,8).[22] So muss dann bereits sein Enkel Jakob aufgrund einer Hungersnot das Land wieder verlassen und wird von seinem Lieblingssohn Josef mit der gesamten Sippe nach Ägypten geholt (Gen 46-50).[23]

---

[20] Vgl. dazu Lux, 2017, 234f.
[21] Wichtig dazu Assmann 2015².
[22] Siehe dazu Lohfink, 1967, und Wagner 2002, 33ff.
[23] Ausführlicher dazu Lux 2020³, 192-204.

Aus Ägypten, dem Land der Rettung vor dem Hungertod, das zum Knechtshaus geworden war, wagte Mose mit Israel den Exodus in die Freiheit, zurück in das Land der Väter. Erneut lag die Initiative allein bei Gott. Die Verheißung an die Väter war nicht dahingefallen. Das aber nun nicht, weil Israel ein zahlreiches und mächtiges Volk geworden war, sondern allein, weil Gott es – dem Geist der deuteronomistischen Schreiber nach (7./6. Jh.) so wollte.[24] Daher wird ihm ins Stammbuch geschrieben:

> »Nicht hat euch JHWH angenommen und euch erwählt, weil ihr größer wäret als alle Völker – denn du bist das kleinste unter allen Völkern –, sondern weil er euch geliebt hat und damit er seinen Eid hielte, den er euren Vätern geschworen hat.« (Dtn 7,7f.)[25]

Es ist und bleibt allein Gottes Liebe und Selbstbindung an sein Volk, der Israel die Gabe des verheißenen Landes verdankt,[26] eines Landes, zu dem es selbst nichts, aber auch gar nichts beigetragen hatte. Ausdrücklich wird es daran im Deuteronomium und seiner Geschichtstheologie erinnert:

> »Wenn dich nun JHWH, dein Gott in das Land bringen wird, von dem er deinen Vätern Abraham, Isaak und Jakob geschworen hat, es dir zu geben – große und schöne Städte, die du nicht gebaut hast, und Häuser voller Güter, die du nicht gefüllt hast, und ausgehauene Brunnen, die du nicht ausgehauen hast, und Weinberge und Obstbäume, die du nicht gepflanzt hast, und wenn du nun isst und satt wirst, so hüte dich, dass du nicht JHWH vergisst, der dich aus Ägyptenland aus der Knechtschaft geführt hat«. (Dtn 6,10-12),[27]

Nicht nur in der Urzeit also, sondern auch in der Geschichtszeit lebt der Mensch mehr von den Vorgaben als von seiner eigenen Hände Arbeit. Ihm werden Lebensmöglichkeiten geschenkt, die Gott ihm zugespielt hat. Unser aller Existenz baut auf natürlichen und kulturellen Grundlagen auf, zu denen wir nichts beigetragen haben, die uns in den Schoß fielen. Nur aus dieser Grundpassivität

---

[24] Zur Bedeutung des Deuteronomiums für die Erinnerungskultur Israels siehe Assmann 1992, 212ff.
[25] Zur Kommentierung des Textes siehe Otto, 2012, 865ff.
[26] Vgl. dazu auch Dtn 4,37ff.; Hos 11,1-4; Feldmeier/Spieckermann 2011, 130ff.
[27] Zur Problematik der Gottvergessenheit Israels siehe Assmann 1992, 215ff. und Otto, 2012, 812ff.

heraus, also im Modus des Empfangens, leben und handeln wir an je unserem Ort.[28] Und diese Grundpassivität ist bis an den Rand gesättigt mit Kreativität. Denn der Mensch ist vor Gott und durch Gott immer schon ein begabter und beschenkter Mensch, der sich davor hüten soll zu vergessen, was für ihn von Gott sowie von denen getan wurde, die vor ihm lebten und wirkten. Das nicht wahrhaben zu wollen, diese Gottvergessenheit, ist nach Ingolf U. Dalferth das, was die Bibel Sünde nennt.[29]

Nachdem Israel nach dem Exodus aus Ägypten im verheißenen Land sesshaft geworden war, unterlag es dem Zeugnis seiner heiligen Schriften nach selbst immer wieder dieser Selbsttäuschung durch Gottvergessenheit. So wie Ende des 8. Jh. v. Chr. das Nordreich Israel an Assur verloren ging, die Bevölkerung verschleppt wurde und sich im assyrischen Großreich verlor, so traf es im 6. Jh. v. Chr. auch das Südreich Juda und Jerusalem durch die Babylonier. Der Prophet Jeremia klagt:

»Mein Volk jedoch hat mich vergessen. Sie opfern den nichtigen Göttern. Die haben sie zu Fall gebracht auf ihren von alters her gebahnten Wegen. So müssen sie nun gehen auf Pfaden, auf ungebahntem Weg, auf dass ihr Land zur Wüste werde, ihnen zur ewigen Schande, dass, wer (an ihm) vorübergeht, sich entsetzt und den Kopf schüttelt.« (Jer 18,15f.),[30]

Was demnach von der Beziehung Israels zum verheißenen Land in Erinnerung blieb, ist die ständige Dialektik von Gabe und Verlust. Mit dem Ende der Eigenstaatlichkeit begann dann die Zeit der Doppelexistenz des Volkes, der Zurückgebliebenen im Land und der Weggeführten ins Exil. Diese geschichtliche Erfahrung führte unter den theologischen Denkern zu einem neuen Nachdenken, einer Neujustierung des Verhältnisses von Gott, Israel und Land. Exemplarisch kommt dieses »neue Denken« in einer mehrfach begegnenden Feststellung priesterlicher und prophetischer Kreise zum Ausdruck, die Israel das Eigentumsrecht am Land entzieht. Geradezu apodiktisch lassen sie JHWH, den Schöpfer des Himmels und der Erde, feststellen:

---

[28] Vgl. dazu Dalferth (Anm. 3).
[29] Grundlegend dazu Dalferth, 2020, 56ff.
[30] Vgl. dazu die Literatur in Anm. 25 und Fischer 2005, 583f.

»... denn das Land ist mein und ihr seid Fremdlinge und Beisassen bei mir.« (Lev 25,23).[31]

Was hier geschieht, ist eine theologische Brechung des Eigentumsrechts am Land. Dieses wird von Gott seinem Volk nur als Lehen zur Verfügung gestellt. Es ist nicht Israels Eigentum, sondern das Volk Israel hat lediglich ein Nießbrauchsrecht an ihm.[32] Daraus leiten sich dann auch für die, die in ihm blieben oder mit dem Beginn der Perserzeit aus dem Exil zurückkehren konnten, entsprechende Forderungen eines verantwortlichen Umgangs mit dem Land ab. Das Land hat nicht nur dem Eigennutz zu dienen, sondern legt seinen Nutznießern auch soziale Verpflichtungen auf, was sich in der israelitischen Gesetzgebung zum Sabbat- und Jobeljahr niedergeschlagen hat (Lev 25).[33]

Diese zunächst nur auf das verheißene Land bezogene Aussage wurde schließlich universalisiert und auf die ganze Erde bezogen. So merken die Psalmbeter in einem ausgesprochen kult- und opferkritischen Kontext an:

»... der ganze Erdkreis (*tebel*) ist mein und alles, was ihn füllt.« (Ps 50,12).

Es gibt also nichts, was der Mensch Gott opfern könnte, was diesem nicht ohnehin bereits gehören würde. Und daraus folgt der Psalmist:

»Opfere Gott Dank(-opfer) und erfülle dem Höchsten deine Gelübde.« (Ps 50,14).

Damit ist zwar keine generelle Opferkritik gemeint gewesen, wohl aber der Geist, aus dem heraus die persönlichen Dank- und Gelübdeopfer dargebracht werden sollten. Wenn ohnehin der ganze Erdkreis Gottes Eigentum ist, dann gibt ihm der Mensch durch seine Opfergaben nicht etwas, was Gott nötig hätte. Vielmehr sind die Opfergaben nichts anderes als ein Zeichen des Dankes für das, was die Beter von Gott empfangen haben.[34]

---

[31] Ausführlich dazu Hieke 2014, 1007f. Siehe auch Jes 14,25; Jer 2,7; Hos 9,3.
[32] Näheres dazu bei Horst 1961, 220f.
[33] Vgl. Albertz 1995, 290ff.
[34] Ausführlicher dazu Seybold 2010, 117f., und Böhler 2021, 915f.

Das Leben fern vom verheißenen Land aber, fern vom Zion und JHWHs Tempel in Jerusalem, löste unter den Juden in der Diaspora ein intensives Nachdenken darüber aus, ob und welche Möglichkeiten der Gottesnähe auch in der Fremde möglich seien.[35] Worin findet das Gottesvolk Heimat, seinen Ort in der Ortlosigkeit der Welt?

4. Gott als Ort der Welt

Zwar blieb Zion-Jerusalem ein Sehnsuchtsort, aber jüdisches Leben, JHWH- und Toratreue waren auch außerhalb des verheißenen Landes möglich. Denn der Gott Israels war ja selbst nicht an einen Ort gebunden, sondern konnte als Schöpfer und Herr der Geschichte an jedem Ort der Welt den Seinen nahe sein. Am prägnantesten kommt dies in der jüdischen Tradition zum Ausdruck, derzufolge JHWH als *maqom*, als »Ort« bezeichnet wurde. Gott kann nicht nur potentiell an jedem Ort anwesend sein, vielmehr ist er der rabbinischen Tradition nach *der Ort schlechthin*. So heißt es im Midrasch Bereschit Rabba:

> »R. Huna sagte im Namen des R. Ami: Warum heißt Gott *maqom* Ort? [...] R. Jose b.Chalaphta sagte: Wir würden nicht wissen, ob Gott der Ort seiner Welt oder ob seine Welt sein Ort ist [...]. Da es aber heißt (Ex 33,21): ›Siehe, der Ort ist bei mir‹, so geht daraus hervor, daß Gott der Ort der Welt, aber nicht die Welt sein Ort ist.«[36]

Einen biblischen Anhalt auf diese, den Eigennamen Gottes, das Tetragramm JHWH, vermeidende und zugleich auf ihn hinweisende Gottesbezeichnung hat man im Esterbuch vermutet. Schon immer fiel dieses wegen seines konsequenten Gottesschweigens bzw. seiner verborgenen Rede von Gott auf. Da teilt Mordechai seiner Nichte Ester, die am Hof des Perserkönigs Ahasveros zur Königin aufgestiegen war, mit:

> »... wenn du in dieser Zeit (der Todesgefahr) schweigen wirst, wird eine Hilfe und Rettung von einem *maqom acher* (anderen Ort) her

---

[35] Informativ dazu Spieckermann 2004, 115ff.
[36] Bereschit Rabba 5.11. Übers. nach Wünsche 1881, 329.

den Juden erstehen. Du aber und deines Vaters Haus, ihr werdet umkommen.« (Est 4,14).[37]

In der Deutung der Rabbinen wurden die Worte *maqom acher* dann eine verhüllende Redeweise für das Tetragramm JHWH.[38] Wenn Ester nicht vor dem König für ihr Volk eintreten würde, gäbe es für die Juden in der Diaspora nur noch die Hoffnung darauf, dass ihnen eben von einem anderen Ort, nämlich von JHWH her, geholfen würde.

Das sogenannte Gottesschweigen des Esterbuches wurde damit zum Ausdruck einer tastenden, verhüllenden Rede vom Gott Israels, die sein Geheimnis wahrt. Die scheue »Zurückhaltung gegen eine allzu *affirmative* Rede von Gott gehört zu seiner hochtheologischen Programmatik, die die *Transzendenz* Gottes betont.«[39] Auf diese Weise wurde das hebräische Nomen *maqom* (Ort) schließlich zu einem der vielen Ersatznamen für den Eigennamen Gottes, den der fromme Jude nicht auszusprechen wagte. Stattdessen benannte er seinen Gott mit *haschem* (der Name), *'äljon* (Höchster), *haschamajim* (der Himmel), *hageburah* (die Stärke), *q^edōsch jisra'el* (Heiliger Israels), *'adonaj* (Herr) und nun eben auch mit *maqom*.[40] Mit all diesen Benennungen legt das rabbinische Judentum einen Schutzmantel um das Geheimnis des Eigennamens Gottes, JHWHs, der ja nach seiner Selbstoffenbarung in Ex 3,14 nichts anderes bedeutete als »*ich werde dasein als derjenige, der dasein wird.*«

---

[37] Die rabbinische Deutung des hebräischen Nomens *maqom* als indirekter Hinweis auf Gott ist hier nicht zwingend. Kritisch dazu Schmitz 2013, 278ff. Möglicherweise war bei *maqom* ursprünglich lediglich an einen Hinweis auf den Jerusalemer Tempel als zentralen »Ort« der JHWH-Verehrung gedacht (vgl. Dtn 12,5; 14,23; 1 Kön 8,29f. u.ö.), der dann in rabbinischer Zeit zum Ersatznamen JHWHs werden konnte. Siehe dazu Marmorstein 1927, 92f.
[38] Vgl. Gamberoni 1984, 1124. Zurückhaltender urteilen Meinhold 1983, 55, und Ego 2017, 249ff., die in der Formulierung aber einen deutlichen Hinweis auf das Handeln Gottes sehen, auch wenn das Nomen *maqom* selbst noch nicht Ersatzname für JHWH ist.
[39] Ausführlich dazu Frettlöh 2001, 99.
[40] Kristianpoller 1987², 1235ff.

»Du Mensch brauchst nur zu wissen, *daß*, nicht *wie* ich helfen und mich erweisen werde. Es ist eine *Lektion im Gottvertrauen*, die Mose erhält.«[41]

An welchem Ort der Welt der fromme Jude auch immer lebt, wo immer das Geheimnis dieses Namens gehütet wird, wo der Name Gottes mit zahlreichen Benennungen umspielt wird, um auf ihn zu verweisen, da gilt die Zusage seiner Nähe und Gegenwart: Ich bin da![42] Ich bin am Ort. Da wird JHWH selbst zum Ort, der trägt im Leben wie im Sterben. Irdische Orte, Länder, werden transzendiert; Weltbezug und Gottesbeziehung fallen ineinander. Der Garten Eden ist verloren, das verheißene Land, Zion und Jerusalem in weiter Ferne, unerreichbar; das Leben in der Fremde voller Gefahren, vertrieben von Ort zu Ort, »ewige Wanderer«[43] und Fremdlinge, schwankender Boden unter den Füßen. Kein Ort, der Halt und Sicherheit geben könnte außer ihm, dem *maqom*, dem Ort, der Gott selbst ist. Es waren wohl solche existenziellen Erfahrungen der weltweiten jüdischen Diaspora im Angesicht von Gefahr, Tod und Vernichtung, die den Beter des 73. Psalms bekennen ließen:

»Wenn ich nur dich habe,
so frage ich nichts nach Himmel und Erde.
Wenn mir gleich Leib und Seele verschmachtet,
so bist du doch Gott allezeit meines Herzens Trost und mein Teil.« (Ps 73,25-26).

Da steht im Hebräischen *chälqi* (mein Teil). Bei *cheläq* handelt es sich um einen Begriff, der in Ackerbaugesellschaften den Anteil an parzellierten Feldern bezeichnet, den Erbbesitz an Land.[44] Im Hintergrund der beiden Psalmverse steht die Levitengesetzgebung. Die Leviten erhielten ja der Überlieferung nach bei der Landverteilung an die Stämme Israels keinen eigenen Erbanteil (vgl. Dtn 10,9; 12,12 u.ö.), nahmen priesterliche Funktionen wahr (Dtn 18,2ff.; 33,8ff.)

---

[41] Jacob 1997, 66.
[42] Aufschlussreich dazu ist Zenger 2020, 71ff.
[43] Das antijüdische Motiv von Ahasver, dem ewigen Juden, der seine Schuld gegenüber Jesus durch ständige Wanderschaft und Heimatlosigkeit abzubüßen hat, geht auf eine mittelalterliche Legende aus dem 13. Jh. zurück und fand im 17. Jh. in Europa weite Verbreitung. Mehr dazu Rappaport 1987², 159ff.
[44] Vgl. Tsevat 1977, 1017.

und sollten von den Abgaben am Tempel leben (Num 18,8-10).⁴⁵ »Das dauernde und exklusive-Sein-bei-JHWH sollte nicht nur ihre Lebensaufgabe, sondern buchstäblich auch ihr Lebensunterhalt sein.«⁴⁶ JHWH war ihr Teil.
Diese Vorstellung wurde vom Psalmisten generalisiert und auf das menschliche Schicksal als solches übertragen. Was immer auch dem sterblichen Menschen widerfährt, in Gott und durch Gott bleibt er versorgt und geborgen. Alles irdische Erbe am Land, an Grund und Boden ist vergänglich. *leʿolam* aber, »ewigen« Erbbesitz hat der Beter allein bei Gott, dem Ort der Welt, der das ist, was sein Name sagt: anwesend, der da ist. Er, das unvergängliche Erbteil, ewiger Ort. Er spielt sich selbst den Betern zu mit seinen ungeahnten Möglichkeiten im Leben und im Sterben.

»Da JHWH selbst sein Landbesitz und seine Lebensquelle ist, hat JHWH ihn in dieses sein ›ewiges‹ Gott-Sein mithineingenommen – und gibt so dem Herzen des Beters eine tiefe Unerschütterlichkeit wie einem Fels«.⁴⁷

5. Der Kanon der Hebräischen Bibel – Ort Gottes in der Welt

Warum bauten die Beter in der Brüchigkeit und Endlichkeit irdischer Existenz auf Gott, den ewigen Ort? Weil sie –wie wir bereits erfahren haben- das Geheimnis des Namens Gottes hüteten. JHWH, vier Buchstaben, und alles war gesagt. Aber was sich von JHWH erfahren, erkunden, sagen lässt, ist nur dem Kanon der Heiligen Schriften Israels zu entnehmen. Gott in seinem Namen, im Wort, in Sprache und Schrift. Vier Buchstaben entfaltet auf 1574 Seiten der Hebräischen Bibel.⁴⁸ Das trug und trägt Israel durch die Zeiten von Ort zu Ort. Dieses Buch, gewachsen in Jahrhunderten wie die Jahresringe, die sich um den Kern eines Baumes legen.⁴⁹

Sein Kern, das ist die *Tora*, erster Teil der Bibel Israels, die fünf Bücher Mose, der Pentateuch. Sie stellten Israel vor die Wahl

---

45 Zur Levitenproblematik insgesamt siehe zuletzt Heckl 2022.
46 Hossfeld/*Zenger* 2000, 352.
47 Hossfeld/Zenger 2000, 352.
48 So nach der Ausgabe der Biblia Hebraica Stuttgartensia 1997⁵.
49 Zur Entstehung der Hebräischen Bibel siehe Schmid 2008.

zwischen Gut und Böse, Segen und Fluch (Dtn 28; 30,15). Diesen *sefer hattora,* das »Buch der Weisung/des Gesetzes« übergab Mose dem Volk in seinen Abschiedsreden (Dtn 30,10). Der Mose, von dem es am Ende der Tora heißt:

> »Und es stand hinfort kein Prophet in Israel auf wie Mose, den der Herr erkannt hatte von Angesicht zu Angesicht.«
> (Dtn 34,10).

An Mose und seiner Torah mussten sich demnach alle späteren *Propheten* messen lassen, die ihm folgten und deren Schriften dann im zweiten Teil der Hebräischen Bibel, den *Nebi'im* gesammelt wurden, den Propheten (Josua bis Maleachi).[50] Und daher ist auch gleich zu Beginn der Prophetenbücher wieder von jenem *sefer hattora* die Rede. Da gibt JHWH dem Josua vor dem Einzug in das verheißene Land den Auftrag:

> »Lass das *Buch dieser Tora* nicht von deinem Munde kommen, sondern betrachte es Tag und Nacht, dass du hältst und tust in allen Dingen nach dem, was darin geschrieben steht. Dann wird es dir auf deinen Wegen gelingen, und du wirst es recht ausrichten.« (Jos 1,8).

Tägliche Toralektüre wird zur Voraussetzung für das Gelingen des Einzugs in das verheißene Land; die Tora soll Handbuch des Lebens an dem Ort sein, den JHWH für sein Volk erwählt hat. Und dass es dabei um Leben oder Tod geht, wird am Ende der Prophetenbücher noch einmal eindrücklich bekräftigt. Da mahnt der Prophet Maleachi ausdrücklich seine Leser:

> »Gedenkt an die Tora meines Knechtes Mose, die ich ihm befohlen habe auf dem Berg Horeb für ganz Israel, an alle Gebote und Rechte. Siehe, ich will euch senden den Prophet Elia, ehe der große und schreckliche Tag JHWHs kommt. Der soll das Herz der Väter bekehren zu den Kindern und das Herz der Kinder zu ihren Vätern, auf dass ich nicht komme und das Land mit dem Bann schlage.« (Mal 3,22-24).[51]

Das ständige Erinnern der Tora des Mose, das Torastudium wird Schutz und Schirm sein vor dem großen Tag des Gerichtes Gottes.

---

[50] Vgl. Otto 2017, 2284f.
[51] Ausführlich dazu Meinhold 2002, 22ff.

Es versöhnt die Generationen und bewahrt das Land der Verheißung vor der Vernichtung.

Daher ist es keine Überraschung, dass dann der dritte Teil der Bibel Israels, die *Kᵉtubim*, die übrigen »Schriften« (Psalmen bis 2. Chronik), diese Erinnerung sofort wieder aufgreifen. Am Anfang des Psalters steht eine Glücklich-, eine Seligpreisung:

> »Glücklich der Mann/Mensch, der nicht wandelt im Rat der Gottlosen
> noch tritt auf den Weg der Sünder
> noch sitzt, wo die Spötter sitzen,
> sondern Lust hat an der *Tora JHWHs*
> und sinnt über seiner *Tora* Tag und Nacht!
> Der ist wie ein Baum, gepflanzt an Wasserbächen,
> der seine Frucht bringt zu seiner Zeit,
> und seine Blätter verwelken nicht.
> Und was er macht, gerät wohl.« (Ps 1,1-3).

Was in diesen bewussten redaktionellen Verknüpfungen der drei Teile der Hebräischen Bibel zum Ausdruck kommt, ist eine subtile theologische Kanonhermeneutik.[52] Der Hinweis der späten Kanonredaktoren, das Buch der Tora des Mose nicht in der Wüste zurückzulassen, sondern es mitzunehmen ins verheißene Land und von dort in die Räume und Zeiten, in denen die Propheten wirkten, sowie an jeden Ort, wo immer sich die Beter Israels aufhielten, stellt eine schriftgelehrte Inspiration zur dauerhaften Bibellektüre dar. Sie ist die Erinnerungslandschaft, in der Israel Heimat finden soll.

Das Glück des Menschen, der sich von diesem Buch leiten lässt, besteht nicht allein in der Schöpfungsgabe der Erde, in den natürlichen und kulturellen Voraussetzungen des Lebens. Neben und in diesen sichtbaren Lebenswirklichkeiten begegnet Gott in seinem Wort, in Sprache und Schrift. Sie ist Inspiration und unausschöpfbare Gabe der Lebensorientierung, die wir uns ebensowenig selbst verdanken wie unser eigenes Leben. So wusste das jüdische Volk immer von einer doppelten Heimat, vom verheißenen »Heiligen Land« (Sach 2,16), das man auch verspielen konnte, und von den unvergänglichen Heiligen Schriften, die mit ihm gehen durch die

---

[52] Vgl. die Ausführungen zur Kanonstruktur der Bibel Israels bei Zenger 2008⁷, 21-26.

Zeit. *Heinrich Heine* hat diese doppelte »Ortsgebundenheit« Israels auf den Punkt gebracht, als er schrieb:

> Der Kanon der Heiligen Schriften sei es, den das jüdische Volk »aus dem großen Brande des zweiten Tempels gerettet, und es im Exile gleichsam wie ein portatives Vaterland mit sich herumschleppte«.[53]

Literatur

Albertz, Rainer (1995): Die Tora Gottes gegen die wirtschaftlichen Sachzwänge: Die Sabbat- und Jobeljahrgesetzgebung Lev 25 in ihrer Geschichte, ÖR 44, 290-310.
Assmann, Jan (1992): Das kulturelle Gedächtnis. Schrift, Erinnerung und politische Identität in frühen Hochkulturen, München.
Assmann, Jan (2015): Exodus. Die Revolution der Alten Welt, München.
Bauks, Michaela (1997): Die Welt am Anfang. Zum Verhältnis von Vorwelt und Weltentstehung in Gen 1 und in der altorientalischen Literatur, WMANT 74, Neukirchen-Vluyn.
Beuken, Willem A.M. (2003): Jesaja 1-12, HThKAT, Freiburg/Basel/Wien.
Böhler, Dieter (2021): Psalmen 1-50, HThKAT, Freiburg/Basel/Wien.
Crüsemann, Frank (1987): Das »portative Vaterland«. Struktur und Genese des alttestamentlichen Kanons, in: A. Assmann, Kanon und Zensur. Archäologie der literarischen Kommunikation II, München, 63-79.
Dalferth, Ingolf U. (2011): Umsonst. Eine Erinnerung an die kreative Passivität des Lebens, Tübingen.
Dalferth, Ingolf U. (2020): Sünde. Die Entdeckung der Menschlichkeit, Leipzig.
Diepold, Peter (1972): Israels Land, BWANT 95, Stuttgart u.a.
Ebach, Jürgen (1986): Ursprung und Ziel. Erinnerte Zukunft und erhoffte Vergangenheit, Neukirchen-Vluyn.
Ego, Beate (2017): Ester, BK.AT XXI, Göttingen.
Eliade, Mircea (1991): Die Schöpfungsmythen. Ägypter, Sumerer, Hurriter, Hethiter, Kanaaniter und Israeliten, Darmstadt.
Feldmeier, Reinhard/Spieckermann, Hermann (2011): Der Gott der Lebendigen. Eine biblische Gotteslehre, TOBITH 1, Tübingen.
Fischer, Georg (2018): Genesis 1-11, HThKAT, Freiburg/Basel/Wien.
Fischer, Georg (2005): Jeremia 1-25, HThKAT, Freiburg/Basel/Wien.
Frettlöh, Magdalene L. (2001): Von den Orten Gottes zu Gott als Ort. Māqōm, eine rabbinische Gottesbenennung, und die christliche Lehre

---

[53] Heine 1964, 128. Vgl. dazu auch Crüsemann 1987, 63ff.

von der immanenten Trinität, in: Dies./J.-D. Döhling (Hrsg.), Die Welt als Ort Gottes – Gott als Ort der Welt. Friedrich-Wilhelm Marquardts theologische Utopie im Gespräch, Gütersloh, 86-124.

Gamberoni, Johann (1984): māqôm, ThWAT IV, Stuttgart u.a., 1113-1124.

Gunkel, Hermann (1895): Schöpfung und Chaos in Urzeit und Endzeit, Göttingen.

Heckl, Raik (2022): Mose und Aaron als Beamte des Gottes Israels. Die Entstehung des biblischen Konzepts der Leviten, SVT 190, Leiden/Boston.

Heine, Heinrich (1964): Sämtliche Werke, hrsg. von H. Kaufmann, Bd. 13, München.

Hieke, Thomas (2014): Levitikus, HThKAT, Freiburg/Basel/Wien.

Horst, Friedrich (1961): Das Eigentum nach dem Alten Testament, in: Ders.: Gottes Recht. Studien zum Recht im Alten Testament, TB 12, München, 203-221.

Hossfeld, Frank-Lothar/Zenger, Erich (2000): Psalm 51-100, HThKAT, Freiburg/Basel/Wien.

Jacob, Benno (1997): Das Buch Exodus, Suttgart.

Kedar-Kopfstein, Benjamin (1986): 'edæn, ThWAT V, Stuttgart u.a., 1093-1103.

Keel, Othmar/Schroer, Silvia (2002): Schöpfung. Biblische Theologie im Kontext altorientalischer Religionen, Freiburg/Göttingen.

Köckert, Matthias (1988): Vätergott und Väterverheißungen. Eine Auseinandersetzung mit Albrecht Alt und seinen Erben, FRLANT 142, Göttingen.

Köckert, Matthias (1991): Jahwe, Israel und das Land bei den Propheten Amos und Hosea, in: A. Meinhold/R. Lux (Hrsg.), Gottesvolk. Beiträge zu einem Thema Biblischer Theologie, FS S. Wagner, Leipzig 1991, 43-74.

Köckert, Matthias (2002): Verheißung I, TRE³ 34, Berlin/New York.

Koenen, Klaus/Kühschelm, Roman (1999): Zeitenwende. Perspektiven des Alten und Neuen Testaments, Würzburg.

Kristianpoller, Alexander (1987): Gottesnamen, JL II, Frankfurt a.M., 1235-1240.

Lohfink, Norbert (1967): Die Landverheißung als Eid, SBS 28, Stuttgart.

Löning, Karl/Zenger, Erich (1997): Als Anfang schuf Gott. Biblische Schöpfungstheologien, Düsseldorf.

Lux, Rüdiger (2017): Versprechen und Verheißung als Konstruktion von Geschichte. Überlegungen zur Gegenwartsbedeutung der biblischen Geschichtshermeneutik, in: Ders., Ein Baum des Lebens. Studien zur Weisheit und Theologie im Alten Testament, ORA 23, Tübingen.

Lux, Rüdiger (2020): Josef. Der Auserwählte unter seinen Brüdern, BG 1, Leipzig.

Marmorstein, Arthur (1927): The Old Rabbnic Tradition of God I, The Names and Attributes of God, New York (Nachdruck 1968).

Meinhold, Arndt (1983): Das Buch Esther, ZBK 13, Zürich.

Meinhold, Arndt (2002): Mose und Elia am Gottesberg und das Ende der Propheten, leqach 2, Leipzig, 22-38.

Ohler, Annemarie (1979): Israel, Volk und Land. Zur Geschichte der wechselseitigen Beziehungen zwischen Israel und seinem Land in alttestamentlicher Zeit, Stuttgart.

Otto, Eckart (2012): Deuteronomium 4,44-11,32, HThKAT, Freiburg/Basel/Wien.

Otto, Eckart (2017): Deuteronomium 23,16-34,12, HThKAT, Freiburg/Basel/Wien.

Petzoldt, Martin (2007): Bach-Kommentar, Bd. II, Die geistlichen Kantaten vom 1. Advent bis zum Trinitatisfest, Stuttgart.

Pfeiffer, Henrik (2006): Eden, www.WibiLex.

Rad, Gerhard von (1971): Verheißenes Land und Jahwes Land im Hexateuch, in: Ders., Gesammelte Studien zum Alten Testament, TB 8, München, 87-100.

Rappaport, Samuel (1987): Ahasver, der ewige Jude, JL I, Frankfurt a.M., 159-161.

Rendtorff, Rolf (1975): Israel und sein Land. Theologische Überlegungen zu einem politischen Problem, TEH 188, München.

Riede, Peter (2011): Garten, www.WibiLex.

Rosenzweig, Franz (1984): Zweistromland. Kleinere Schriften zu Glauben und Denken, Ges. Schr. III, Dordrecht/Boston/Lancaster, 655-664.

Schmid, Konrad (2008): Literaturgeschichte des Alten Testaments. Eine Einführung, Darmstadt.

Schmitz, Barbara (2013): »am Ende ihres Weges Den zu schauen, an dem man stirbt, wenn man ihm naht« (Rainer Maria Rilke). Die Rede von Gott in der Ester-Erzählung, in: R. Egger-Wenzel/K. Schöpflin/J.F. Diehl (Hrsg.), Weisheit als Lebensgrundlage (FS Reiterer), DCLS 15, Berlin/Boston, 275-296.

Schwienhorst-Schönberger, Ludger (2004): Kohelet, HThKAT, Freiburg/Basel/Wien.

Schwienhorst-Schönberger, Ludger (2003): Gefeierte Lebenszeit bei Kohelet, in: Das Fest: Jenseits des Alltags, JBTh 18, Neukirchen-Vluyn, 133-167.

Seybold, Klaus (2010): Unterwegs zum Alten Testament. Exkursionen in die biblische Welt, Beiträge zum Verstehen der Bibel 19, Zürich/Berlin.

Steck, Odil Hannes (1992): »ein kleiner Junge kann sie leiten«. Beobachtungen zum Tierfrieden in Jesaja 11,6-8 und 65,25, in: J. Hausmann/H.-J. Zobel (Hrsg.), Alttestamentlicher Glaube und Biblische Theologie, FS H. D. Preuß, Stuttgart/Berlin/Köln.

Georg Strecker (1983): Das Land Israel in biblischer Zeit, GTA 25, Göttingen.
Tsevat, Matitiahu (1977): hālaq II, ThWAT II, Stuttgart u.a., 1015-1020.
Wagner, Volker (2002): »Deiner Nachkommenschaft werde ich dieses Land geben« Gen 12,7, leqach 3, Leipzig 2002, 33-57.
Westermann, Claus (1976): Die Verheißungen an die Väter. Studien zur Vätergeschichte, FRLANT 116, Göttingen.
Wildberger, Hans (1956): Israel und sein Land, EvTh 16, 404-422.
Wünsche, August (1881): Der Midrasch Bereschit Rabba, Leipzig.
Zenger, Erich (1983): Gottes Bogen in den Wolken. Untersuchungen zur Komposition und Theologie der priesterschriftlichen Urgeschichte, SBS 112, Stuttgart.
Zenger, Erich u.a. (2008): Einleitung in das Alte Testament, Stuttgart.
Zenger, Erich (2020): Wie spricht das Alte Testament von Gott?, in: Ders., Mit Gott ums Leben kämpfen. Das Erste Testament als Lern- und Lebensbuch, hrsg. von P. Deselaers/Chr. Dohmen, Freiburg/Basel/Wien, 61-82.

Andreas Lindemann

Neutestamentliche Aussagen zum Ort des Menschen

Die Verfasser der neutestamentlichen Schriften sehen den von Gott geschaffenen Menschen in Beziehung zu Gott und zu der von Gott geschaffenen Welt – auch dann, wenn der Mensch im Widerspruch zu Gott lebt.[1] Die dem Willen Gottes entsprechende Gottesbeziehung des Menschen wird vermittelt durch Jesus Christus, wie es geradezu programmatisch in 1 Tim 2,5 ausgesagt ist: »Denn einer ist Gott, und einer ist Mittler zwischen Gott und den Menschen, der Mensch Christus Jesus, der sich zum Lösegeld für alle gab.«[2]

Da es in den hier folgenden Überlegungen um den »Ort« des christusgläubigen Menschen gehen soll, wird *erstens* danach gefragt, wie die Evangelien vom »Ort« Jesu sprechen – konkret: von den Orten, die für Jesus von besonderer Bedeutung sind. Dann wird *zweitens* nach Orten gefragt, die für die Menschen des entstehenden Urchristentums bedeutsam waren. Da neutestamentliche Autoren auch davon sprechen, welcher Ort dem Menschen jenseits seiner irdischen Existenz verheißen ist, sollen *drittens* einige Aussagen interpretiert werden, die sich auf transzendente »Orte« beziehen – seien sie zeitlich als zukünftig-eschatologisch gedacht, seien sie räumlich als »jenseitig« vorgestellt. Am Ende soll versucht werden, eine aus den neutestamentlichen Aussagen für unsere Gegenwart gewonnene Einsicht zum »Ort« des Menschen zu nennen.

---

[1] Ein Beispiel dafür ist der Gedankengang, den Paulus in Röm 1,18–32 vorträgt.
[2] Die Wendung »Einer ist Gott« (εἷς θεός, vgl. Röm 3,30) nimmt das Grundbekenntnis Israels auf (Dtn 6,4), zur Rede von Jesus als dem »Mittler« vgl. Hebr 8,6; 9,15; 12,24. Nach Roloff 1988, 120f. liegt in 1 Tim 2,5.6a ein liturgisches Textstück vor, das die vorangegangene Aussage erläutert, dass nach Gottes Willen »alle Menschen gerettet werden und zur Erkenntnis der Wahrheit gelangen sollen«. Dabei sei hier »die Zugehörigkeit Jesu zur Seite der Menschen« in einer Weise betont, die sonst nicht begegnet.

1. Orte Jesu nach dem Zeugnis der Evangelien

Die Evangelien[3] zeigen, dass Jesus im Gegenüber zu Gott lebt: Jesus spricht von Gott, Jesus betet zu Gott. Anders als in vielen alttestamentlichen Texten ist aber niemals davon die Rede, dass Gott und Jesus einander direkt begegnen oder miteinander sprechen. Das in den Evangelien erzählte Leben Jesu geschieht im unmittelbaren Gegenüber zur Welt, vor allem in der Begegnung mit Menschen. Dabei werden die Orte, wo das geschieht, oft sehr konkret und realistisch beschrieben, und so lässt sich der in dieser Weise gezeichnete »Ort« Jesu auch verstehen als Vorbild bzw. Modell für den »Ort des Menschen« überhaupt.[4]

1. In der im Matthäus- und im Lukasevangelium verarbeiteten Logienquelle Q[5] sagt ein Mann zu Jesus, er wolle ihm nachfolgen, wohin er auch geht, worauf Jesus antwortet: »Die Füchse haben Höhlen, und die Vögel des Himmels haben Nester, der Menschensohn aber hat nicht, wo er sein Haupt hinlege« (Mt 8,20/Lk 9,58). Diese Szene entstand möglicherweise im Kreise radikaler Nachfolger Jesu, die ein sesshaftes Leben ablehnten.[6] Sollte das Logion Jesus buchstäblich als »obdachlos« beschreiben wollen, so wäre zu beachten, dass etliche andere Texte in der Jesusüberlieferung ein anderes Bild zeigen.[7]

In der dritten Seligpreisung der Bergpredigt spricht Jesus von der Verfügung über die Erde; Mt 5,5 lautet in der traditionellen Übersetzung: »Selig sind die Sanftmütigen, denn sie werden das

---

[3] Im Blick sind allein die im Neuen Testament kanonisch gewordenen Evangelien.

[4] Im Folgenden wird nicht gefragt, welche der Aussagen in der Jesusüberlieferung als »historisch zuverlässig« gelten könnten.

[5] Zur Q-Hypothese vgl. Conzelmann/Lindemann 2004, 76–83.

[6] Wolter 2019, 246f.: »Der Inhalt dieser Mahnung macht es extrem unwahrscheinlich, dass sie für Menschen bestimmt war, die ihre alltagsweltlichen Lebenszusammenhänge nicht verlassen und eine Familie zu ernähren oder zu versorgen hatten«; plausibel sei sie auf der Ebene der Jünger, »die Jesus nachfolgten und darum für ihren Lebensunterhalt nicht selbst sorgen konnten«. Jesus fordert sie auf, »ihre materielle Existenzsicherung allein in Gottes Hand zu legen«, der ja auch für die Tiere sorge.

[7] Beispielsweise Mk 2,15: Nach der Berufung des Zöllners Levi lag Jesus zu Tisch »in seinem Haus«, als viele Zöllner und Sünder zu ihm kamen.

Erdreich besitzen.«[8] Wörtlich verstanden wäre damit gesagt, sanftmütige Menschen würden einst (endzeitlich) die ganze Erde beherrschen. Das griechische Wort γῆ (gē) bezeichnet aber auch »das Land«, also ein begrenztes Gebiet.[9] So verstanden könnte hier in konkreter politischer Absicht gesagt sein, nicht Zeloten oder andere gewalttätige (Freiheits-)Kämpfer würden »das Land«, also Israel, »erben«[10], sondern dies werde gerade den auf Gewalt verzichtenden Menschen zuteil werden. Da die Evangelienüberlieferung ein besonderes Interesse an der politischen Zukunft des »Landes« Israel nicht erkennen lässt[11], liegt die Annahme näher, dass in Mt 5,5b metaphorische Rede vorliegt – diese Seligpreisung ist »no more concrete than any of the other promises made in the beatitudes. It is just another way of saying » ›The one who humbles himself will be exalted (in the kingdom of God).‹«[12]

2. In der Jesusüberlieferung kommt konkret beschriebenen Orten erhebliche Bedeutung zu.[13] Als Geburtsort Jesu wird im Matthäus- und im Lukasevangelium die in Juda gelegene Stadt Bethlehem genannt; Bethlehem ist gemäß biblischer Tradition die »Stadt Davids«, dieser Geburtsort entspricht also dem Glauben an Jesus als den biblisch verheißenen Messias (Mt 2,1–6; Lk 2,1–7).[14] Erstaunlicherweise nennen aber alle Evangelien als Herkunftsort Jesu die

---

[8] Die Seligpreisungen in Mt 5,3–11 haben Parallelen in Lk 6,20–22, gehen also vermutlich auf Q zurück; aber Mt 5,5 ist ohne Parallele, könnte also von Mt ergänzt (oder von Lk gestrichen) worden sein.

[9] In der Lutherbibel 2017 wird deshalb zusätzlich auf die andere Übersetzungsmöglichkeit hingewiesen: »... denn sie werden das Land erben« (vgl. Ps 37,11).

[10] Etwa in dem Sinne, dass sie »das Land« aus der Macht der Römer befreien.

[11] Ganz anders die Position von Laaksonen 2002, 353–371.

[12] Davies/Allison, 1988, 450f.

[13] Dazu Wolter 2019, 65–73.

[14] Über den Ursprung dieser Überlieferung lässt sich nichts sagen – eine Q-Fassung ist nicht zu rekonstruieren. Gemäß Lk 2,4 ging die Familie anlässlich der angeordneten Steuerschätzung nach Bethlehem, weil das Familienoberhaupt Josef »aus dem Hause und Geschlechte Davids« war. Dagegen ist Bethlehem in Mt 2,1 kommentarlos als Geburtsort vorausgesetzt, aber in Mt 2,6 wird dann ausdrücklich Micha 5 (mit leichter Korrektur) als Schriftbeweis zitiert. Im Lukasevangelium fehlt ein solcher Hinweis.

in der Bibel sonst niemals erwähnte Ortschaft Nazareth in Galiläa[15]; dass sich die Nazareth-Überlieferung neben der biblisch begründeten Bethlehem-Tradition durchhält und dominiert[16], könnte ein Indiz für die Vorstellung sein, dass Jesus nicht in einer »heiligen« Stadt zu Hause war, sondern in einem ganz alltäglichen Ort.[17]

Das Markusevangelium präsentiert sich in 1,1 als »Anfang der guten Botschaft (εὐαγγέλιον, Evangelium) von Jesus Christus, dem Sohne Gottes«[18]; es nennt also sofort die Person, von der erzählt werden wird[19], und es wird nach einem kurzen Übergang von Orten gesprochen, wo sich das mit dieser Person verbundene Geschehen abspielt. Zitiert wird die biblische Verheißung über einen von Gott gesandten, in der Wüste predigenden Boten (1,2f.)[20], als der sich dann Johannes erweist, der in der Wüste tauft[21] und »die Taufe der Buße zur Vergebung der Sünden« predigt (1,4f.).[22] Den Menschen »aus ganz Judäa und Jerusalem«, die hinausziehen, um sich im

---

[15] Im Johannesevangelium ist das sogar betont (s.u.).

[16] Nazareth wird in Verbindung mit Jesus in allen Evangelien sowie in der Apg genannt, die Bezeichnungen Jesu als Ναζαρηνός und als Ναζωραῖος sind zwar nicht von Ναζαρέτ bzw. Ναζαρέθ abzuleiten, weisen aber wohl in dieselbe Richtung.

[17] Dafür sprechen auch die Schilderungen von dem eher ungewöhnlich verlaufenden Besuch Jesu in seiner »Vaterstadt« (πατρίς, Mk 6,1.4 und Parallelen). Dazu Bosenius, 2014, 114–118. Zeitgenössische Rezipienten, die nicht in Galiäa lebten, dürften Schwierigkeiten gehabt haben, »den Erzähl-Schauplatz Nazareth ohne den Hinweis τῆς Γαλιλαίας [aus Galiläa] in der außertextlichen Realität zu verorten« (a.a.O., 115).

[18] Ob die Worte »dem Sohne Gottes« zum ursprünglichen Mk-Text gehören oder erst im Verlauf der handschriftlichen Überlieferung ergänzt wurden, lässt sich nicht sicher entscheiden.

[19] »Anfang« (ἀρχή) könnte sich auf die Einleitung beziehen (1,1–8), aber es ist auch möglich, dass die ganze Jesus-Erzählung als »Anfang der guten Botschaft« verstanden werden soll. Gemeint ist wohl nicht der banale Sachverhalt, dass das Buch in 1,1 seinen Anfang nimmt.

[20] Nach dem nicht ganz wörtlich zitierten Text Mal 3,1/Jes 40,3 spricht Gott selbst (»Siehe, ich sende ...«).

[21] Das Verb βαπτίζειν (baptizein) bedeutet eigentlich nur »eintauchen«, aber in Verbindung mit dem Wirken des Johannes erhält es die besondere Bedeutung »taufen« (Johannes heißt dann explizit »der Täufer«, vgl. Mt 3,1; 14,2; Lk 7,20.33.

[22] In 1,6 wird Johannes als Wüstenbewohner vorgestellt.

Jordan von ihm taufen zu lassen, kündigt er an, es werde nach ihm ein Stärkerer kommen, der nicht mit Wasser, sondern mit heiligem Geist taufen wird (1,8). Und dann heißt es direkt anschließend weiter (1,9), dass »Jesus kam« – er ist also offensichtlich dieser »Stärkere«.[23] Jesus wird nicht näher in die Erzählung eingeführt[24]; aber ausdrücklich wird der Ort seiner Herkunft genannt, denn er kam »aus Nazareth in Galiläa«. Jesu Taufe im Jordan durch Johannes geschieht unter Begleitzeichen, die ihn als »Sohn Gottes« ausweisen (1,9–11), und dann treibt ihn der Geist (vgl. 1,10) in die (nahe) Wüste; dort wird er vierzig Tage lang[25] »vom Satan versucht«[26], »und er war mit den Tieren, und die Engel dienten ihm« (1,12.13).[27]

Jesus geht nach der Verhaftung des Johannes (zurück) nach Galiläa (vgl. 1,9[28]) und verkündigt dort die frohe Botschaft von Gott, indem er die Nähe des Reiches Gottes ansagt und zur Buße/Umkehr aufruft (1,14f.). Am »Meer von Galiläa«[29] ruft er Jünger in seine Nachfolge (1,16–20); beginnend in der später noch mehrfach erwähnten Stadt Kapernaum begegnet er vielen Menschen heilend und rettend, aber es kommt auch zu Konfliktsituationen. Geradezu programmatisch steht Galiläa im ersten Hauptteil des Markusevangeliums (1,14–8,26) ganz im Zentrum. Jesus hält sich zeitweilig aber auch an Orten auf, die nicht von Juden bewohnt sind[30]; das könnten Hinweise sein auf die spätere Mission unter den Völkern, von der

---

[23] Dass Jesus nicht tauft, spielt im Zusammenhang mit 1,8 keine Rolle.
[24] Dass er der in 1,1 genannte Jesus Christus ist, braucht nicht gesagt zu werden.
[25] Das ist eine Anspielung auf die vierzigjährige Wüstenwanderung des Volkes Israel.
[26] Eindringliche, untereinander leicht variierende Schilderungen dieser satanischen Versuchung bieten Lk 4,1–13 und Mt 4,1–11, im Wesentlichen unabhängig vom Markusevangelium.
[27] Dazu Bosenius 2014, 81–86.
[28] Der Täufer und Jesus sind also nicht zur selben Zeit aktiv. Vom Schicksal des Täufers wird in Mk 6,14–29 eingehend erzählt.
[29] Der Begriff »Meer von Galiläa« (ἡ θάλασσα τῆς Γαλιλαίας, Mk 1,16; 3,7; 7,31) als Bezeichnung des Sees Genezareth wird in Mt 4,18; 15,29 übernommen (vgl. Joh 6,1), nicht aber im Lukasevangelium.
[30] In Mk 5,1–20 halten sich Jesus und die Jünger am Ostufer des Sees Genezareth in dem zur Dekapolis gehörenden Land der Gerasener auf; in 7,24–30 besucht er die Gegend von Tyrus, von dort geht er nochmals in die Dekapolis (7,31), in 8,10 kehrt er nach Galiläa zurück.

Markus nicht erzählt, die aber zum Zeitpunkt der Abfassung des Evangeliums (um 70 n. Chr.) längst Realität ist.[31] Der Evangelist Matthäus übernimmt aus dem Markusevangelium die die kurzen Abstecher Jesu ins »Ausland«[32], schreibt aber auch, dass Jesu Botschaft und der von ihm seinen Jüngern gegebene Auftrag ausschließlich Israel gelten: Seine Jünger sollen nicht zu den »Völkern« gehen und »keine Stadt der Samaritaner« betreten, sondern sie sollen gehen »zu den verlorenen Schafen des Hauses Israel« und ihnen verkündigen: »Nahe gekommen ist das Himmelreich« (Mt 10,5–7).[33] Gerade im Matthäusevangelium erteilt aber nach Ostern der auferstandene Christus den Jüngern die Weisung, dass sie gehen sollen (πορευθέντες) und »alle Völker zu Jüngern machen« (μαθητεύσατε πάντα τὰ ἔθνη)[34], indem sie sie taufen und sie alles lehren, »was ich euch geboten habe« (28,19f.).

Jesus kommt nach Darstellung des Markusevangeliums erst am Ende seiner öffentlichen Wirksamkeit erstmals nach Jerusalem, wo er sterben wird.[35] Die in Mk 11,1 beginnende Passionsgeschichte wird vergleichsweise sehr ausführlich erzählt, und dabei werden viele Orte genannt, wo sich das Geschehen abspielt[36]: Gleich nach

---

[31] Vgl. Lindemann 2009, 383.
[32] Bis auf den Aufenthalt in Gadara (Lk 8,26–39) fehlen diese Besuche im Lukasevangelium; die Mission unter den Völkern ist das Thema der von demselben Verfasser geschriebenen Apg.
[33] Dieser Textabschnitt hat keine Parallelen, gehört also zum »Sondergut« und geht möglicherweise auf den Evangelisten selber zurück.
[34] In der Lutherbibel 2017 steht stattdessen in Mt 28,19: »Darum gehet hin und lehret alle Völker ...« Aber das Verb μαθητεύειν bezeichnet in Mt 13,52 das Jüngersein, gemäß 27,57 war Josef aus Arimathäa »ein Jünger Jesu geworden« (ὃς καὶ αὐτὸς ἐμαθητεύθη τῷ Ἰησοῦ). In Mt 28,19f, sind dem Imperativ μαθητεύσατε Partizipien zugeordnet, die erklären, wie das »zu Jüngern machen» geschieht: » ... indem ihr sie tauft (βαπτίζοντες αὐτοὺς) und sie lehrt alles zu halten, was ich euch geboten habe« (διδάσκοντες ....). Es gibt keinen Grund, in der deutschen Übersetzung die Unterscheidung von μαθητεύσατε und διδάσκοντες zu beseitigen.
[35] Im Matthäusevangelium und im Lukasevangelium ist das übernommen worden, nicht aber im Johannesevangelium (s.u.). In Mk 3,6 wird Jesu Tod angekündigt, in der letzten der drei Leidensankündigungen wird Jerusalem als Ort der Verurteilung und des Todes Jesu genannt (10,33f.).
[36] Vgl. die sehr eingehende Übersicht bei Bosenius 2014, 361–435.

seinem triumphalen Einzug[37] in die Stadt besucht Jesus den Tempel und »sieht sich alles an« , fast wie ein Tourist[38]; aber am nächsten Tag agiert er im Vorhof des Tempels als scharfer Kritiker der dortigen Praxis.[39] Trotzdem tritt er dann wieder lehrend im Tempel auf (11,27–13,1). Auf dem Ölberg gegenüber dem Tempel sagt er dessen vollständige Zerstörung an und hält dann eine Rede, in der er in apokalyptischer Weise die Endzeit beschreibt (13,2–37). Danach[40] empfängt er im nahe gelegenen Bethsaida die auf sein Begräbnis vorausweisende Salbung durch eine namentlich nicht genannte Frau, er feiert in Jerusalem im Zusammenhang des Passafestes das Abschiedsmahl mit seinen Jüngern und geht mit ihnen nochmals zum Ölberg. Auf einem Grundstück namens Gethsemane wird Jesus verhaftet[41], im Haus des Hohenpriesters wird er »vom ganzen Synedrium« verhört, zum Tode verurteilt und verspottet.[42] Am nächsten Tag wird das Urteil bestätigt, Jesus wird dem Pilatus überstellt[43], der im römischen Prätorium entsprechend dem Wunsch der Hohenpriester Jesus zur Kreuzigung verurteilt. Auf Golgotha stirbt Jesus am Kreuz und wird beigesetzt. Frauen, die Jesu

---

[37] Es ist ein Missverständnis, wenn der Einzug Jesu »reitend auf einem Eselfüllen« als Zeichen von »Niedrigkeit« gedeutet wird, denn dieses Motiv knüpft an die Verheißung zur Ankunft des siegreichen Königs an (Sach 9,9, in der Parallele Mt 21,5 ausdrücklich zitiert).

[38] In 11,11 heißt es: »In Jerusalem ging er in den Tempel und sah sich ringsherum alles an« (... καὶ περιβλεψάμενος πάντα).

[39] In den in Mk 11,17 Jesus in den Mund gelegten Worten sind Jes 56,7 (»mein Haus wird ein Bethaus heißen für alle Völker«) und Jer 7,11a (»Haltet ihr denn dies Haus, das nach meinem Namen genannt ist, für eine Räuberhöhle?«) miteinander kombiniert. In den Parallelen Mt 21,13/Lk 19,46 fehlt der Hinweis, der Tempel sei bestimmt »für alle Völker«.

[40] Zu den im Folgenden genannten Ereignissen vgl. Mk 14,3–16,8. Auf die Nennung der einzelnen Textbelege wird verzichtet.

[41] Die dazu vom Hohen Rat ausgesandte bewaffnete Polizeitruppe wird in Mk 14,43 sehr genau beschrieben.

[42] Gleichzeitig geschieht im Hof des Hohenpriesters (14,66) die dreimalige Verleugnung Jesu durch Petrus (14,67–72). Petrus ist also, trotz 14,50, nicht geflohen.

[43] Pilatus, römischer Präfekt in der Provinz Judäa, wird in 15,1f. ohne jede ergänzende Erläuterung in die Erzählung eingeführt.

Hinrichtung von fern gesehen hatten, besuchen das Grab[44] und finden es leer; sie hören aber aus dem Munde eines weißgekleideten Boten, dass der gekreuzigte Jesus von Nazareth auferstanden ist und dass die Jünger ihn in Galiläa sehen werden (16,6f.). Dieses schon in 14,28 von Jesus selbst angekündigte Geschehen wird aber nicht erzählt, das Buch endet mit dem Hinweis auf die Flucht der Frauen, die aus Furcht »zu niemandem etwas sagten«.[45] Dieser »offene Schluss« ist möglicherweise zu verstehen als Einladung, das Markusevangelium, das ja in Galiläa seinen Anfang nimmt, als Ganzes noch einmal zu lesen, nun in Kenntnis seines Endes.[46]

3. Das Johannesevangelium setzt andere Akzente als die synoptischen Evangelien.[47] Der Prolog (1,1–18) spricht vom präexistenten »Wort« (*logos*, ὁ λόγος,), der unmittelbar mit Gott verbunden ist (1,1f.). Er wird als »das Licht« bezeichnet, das in der Finsternis scheint, das »aber die Finsternis nicht ergriffen« hat - es kam also zu keiner Beziehung (1,4f.). Dann wird, ähnlich wie im Markusevangelium, von einem Menschen namens Johannes gesprochen, der von dem Licht Zeugnis ablegte, aber nicht selber das Licht war (1,6–8).[48] In 1,14 heißt es dann: »Und der Logos wurde Fleisch.« Ausdrücklich wird gesagt: »Und wir sahen seine Herrlichkeit«, ohne dass jedoch ein Ort genannt wird, wo das geschehen ist. In 1,17 wird erstmals von Jesus gesprochen, indem er ohne Nennung eines Ortes oder einer Zeit dem Mose gegenübergestellt wird: »Das Gesetz wurde durch Mose gegeben, die Gnade und die Wahrheit ist durch Jesus Christus geworden.«[49] Übergangslos ist in 1,19 nochmals von dem »Zeugnis des Johannes« die Rede, wobei nun eine konkrete

---

[44] Dass sie die Absicht haben, den Leichnam zu salben (16,1), steht in Spannung zu 14,8 und natürlich auch zu jeder denkbaren Praxis.
[45] Nach der ältesten handschriftlichen Überlieferung enthält 16,8 den Schlusssatz des Markusevangeliums.
[46] Vgl. dazu Lindemann 2009b.
[47] Die Frage nach der literarischen Beziehung des Johannesevangeliums zu einem oder mehreren der synoptischen Evangelien lasse ich hier offen.
[48] Johannes wird eingeführt als ein »von Gott gesandter Mensch« (1,6; vgl. 1,15). Dass er der Täufer ist, geht erst aus dem Fortgang der Erzählung hervor (Joh 1,19ff.).
[49] Ein Widerspruch zwischen Mose und Christus wird in 1,17 nicht ausgesagt, wohl aber eine deutliche Differenz.

Situation geschildert wird: Als Antwort auf entsprechende Fragen der aus Jerusalem entsandten Leviten und Priester versichert Johannes, dass er nicht der Messias ist[50], sondern er ist »die Stimme des Rufers in der Wüste« (1,23).[51] Am Ende der Szene steht die genaue Ortsangabe: Das alles geschah in Bethanien, jenseits des Jordan (1,28).

»Am andern Tag« sieht Johannes, dass Jesus – gleichsam wie aus dem Nichts – »zu ihm kommt«. Er nennt ihn »das Lamm Gottes, das die Sünde der Welt wegnimmt« (1,29.36), und bezeichnet ihn sogar als »Sohn Gottes« (1,34); das wiederholt sich ähnlich am folgenden Tag (1,35f.). Aber dann wechselt die Perspektive: Zwei der Jünger des Johannes hören Jesus und folgen ihm. Nach einem kurzen Dialog in 1,38.39a (»Was sucht ihr? Lehrer, wo wohnst du? Kommt und seht!«) gibt es einen Besuch bei Jesus (1,39b), ohne dass ein Ort genannt wird.[52] Als Jesus plant, nach Galiläa zu gehen, »findet« und beruft er den aus Bethsaida stammenden Philippus (1,43f.), der dann Nathanael »findet« und nun Jesus sehr konkret einen theologischen und geographischen Ort zuweist: »Den, von dem Mose im Gesetz geschrieben hat und die Propheten, den haben wir gefunden, Jesus, den Sohn Josefs, aus Nazareth.« Auf die spöttische Frage des Nathanael: »Was kann aus Nazareth Gutes kommen?« antwortet Philippus: »Komm und sieh!« (1,45f.) Als Jesus später aufgrund seiner Worte von den Leuten als »wahrlich der Prophet« und sogar als der Messias bezeichnet wird (7,40f.), widersprechen andere unter Verweis auf Jesu Herkunft (7,42): »Kommt etwa der Messias aus Galiläa? Hat nicht die Schrift gesagt, dass aus dem Geschlecht Davids und aus dem Ort Bethlehem, wo David war, der Christus kommt?« (7,42) Da Jesus auf der Ebene des Johannesevangeliums aus Nazareth kommt, erweist sich die biblisch begründete Annahme, er sei in Bethlehem geboren, als definitiv falsch.

---

[50] Das war schon in 1,8 im Zusammenhang des Licht-Zeugnisses des Johannes klar gesagt worden.
[51] Diese Aussage des Johannes ist als »Ich-bin-Wort« gestaltet.
[52] Die Namen der beiden Jünger werden in 1,40f. nachgetragen (Andreas und Simon), in 1,42 empfängt Simon von Jesus den besonderen Namen Kephas, Petrus (vgl. Mt 16,18).

Im Fortgang des Johannesevangeliums kommt bestimmten Orten erhebliche Bedeutung zu. In Joh 2 wird erzählt, wie Jesu Mutter[53] und er selbst mit seinen Jüngern an einem Hochzeitsfest in dem Städtchen Kana teilnehmen, wobei Jesus auf wunderbare Weise dafür sorgt, dass die Hochzeitsgesellschaft nicht auf Wein verzichten muss. Es heißt abschließend: »Dies war das erste der Zeichen, die Jesus tat, und er offenbarte seine Herrlichkeit[54], und seine Jünger glaubten an ihn« (2,11).[55] Der Ort, wo Jesu »Zeichen« geschah, spiegelt gerade angesichts des Festcharakters die alltägliche Welt wider – im Grunde kann ein Ort kaum noch eindeutiger als ein profaner Ort beschrieben werden als dieses Kana.[56]

Ganz anders als in den synoptischen Evangelien kommt Jesus nach kurzem Aufenthalt in Kapernaum nach Jerusalem (2,12.13); das geschieht bis Joh 12 noch mehrfach, ein Besuch Jesu dort ist also nichts Besonderes. Dementsprechend geschieht die Vertreibung der Händler und Geldwechsler aus dem Vorhof des Tempels[57] nicht am Ende, sondern natürlich schon zu Beginn von Jesu öffentlicher Wirksamkeit.[58]

---

[53] Die Frage, warum ihr Name, anders als in den synoptischen Evangelien, im Johannesevangelium niemals genannt wird, lässt sich nicht plausibel beantworten.

[54] Vgl. 1,14. Hier wie dort wird von der sichtbaren δόξα gesprochen.

[55] Dazu Welck 1994, 132–140. Das Gespräch Jesu mit seiner Mutter (»Meine Zeit ist noch nicht gekommen«, 2,4) macht Jesu Tat »für den *Anbruch der eschatologischen Heilszeit* durchsichtig«, aber dadurch wird »die Realistik der Szene nicht beeinträchtigt« (139).

[56] Nach Joh 4,42 hält sich Jesus nochmals in Kana auf und heilt von dort den in Kapernaum kranken Sohn eines königlichen Beamten (vgl. Mt 8,5–13 / Lk 7,1–10). In Joh 21,2 wird gesagt, dass Nathanael aus »Kana in Galiläa« stammt, was in 1,45–49 nicht erwähnt worden war.

[57] In Joh 2,15 wird ausdrücklich gesagt, Jesus habe Gewalt angewendet: »Er machte eine Geißel aus Stricken (ποιήσας φραγέλλιον ἐκ σχοινίων) und er trieb sie alle aus dem Tempel hinaus samt den Schafen und Rindern« (πάντας ἐξέβαλεν ἐκ τοῦ ἱεροῦ τά τε πρόβατα καὶ τοὺς βόας).

[58] Auch in den synoptischen Evangelien findet diese Aktion bei Jesu erstem Besuch in Jerusalem statt. Die gelegentlich diskutierte Frage, warum die »Tempelreinigung« im Johannesevangelium »nach vorn gezogen« wurde, beantwortet sich damit von selbst.

In Joh 4 wird Jesu Rückkehr von Judäa nach Galiläa beschrieben, und es heißt geradezu provokativ, dass er durch Samaria ziehen *musste* (Joh 4,4) – üblicherweise vermieden Juden diese Reiseroute.[59] Am Jakobsbrunnen[60] begegnet Jesus einer samaritanischen Frau, die ihn als Juden identifiziert und ihm, als sie in ihm einen Propheten erkennt, ein fundamentales religiöses Problem vorträgt, das einen heiligen Ort betrifft: »Unsere Väter haben auf diesem Berg gebetet«, also gemäß der Tora auf dem (nahe gelegenen) Garizim (Dtn 11,29; 27,12), »und ihr sagt, in Jerusalem sei der Ort, wo man beten soll« (4,20). Jesus reagiert auf die in dieser Feststellung enthaltene Frage nach dem »richtigen Ort« für die Verehrung Gottes[61] zunächst ausweichend: »Glaube mir, Frau, es kommt die Stunde, da ihr weder auf diesem Berg noch in Jerusalem zum Vater beten werdet« (V. 21). Als Jude gibt er dann aber Jerusalem zumindest indirekt doch den Vorzug und übt zugleich Kritik an den Samaritanern: »Ihr betet zu dem, was ihr nicht kennt; wir beten zu dem, was wir kennen – denn das Heil kommt von den Juden« (V. 22).[62] Gleichwohl bleibt die vorangegangene Ankündigung gültig, indem Jesus nun einen ganz anderen Ort der wahren Gottesverehrung nennt (V. 23): »Aber es kommt die Stunde, und jetzt ist sie da, in der die wahren Beter in Geist und Wahrheit zum Vater beten werden, denn auch der Vater sucht solche, die ihn anbeten.« Jesus ergänzt: »Gott ist Geist, und die zu ihm beten, müssen in Geist und Wahrheit beten«.[63] Der johanneische Jesus weist also die

---

[59] Der Status von Samaria war seit der Rückkehr aus dem babylonischen Exil in jüdischen Augen höchst fragwürdig geworden. Vgl. Lindemann 1993.
[60] Nach 4,5f. handelt es sich um die Quelle Jakobs (πηγὴ τοῦ Ἰακώβ), deren Lage genau beschrieben wird (vgl. Gen 49,22; Jos 24,32).
[61] προσκυνεῖν ist mehr als »Beten« oder »Gebet«, sondern bezeichnet die religiöse Verehrung im Ganzen.
[62] Zumstein 2016, 184: Der Begriff »Juden« hat an dieser Stelle einen für das Johannesevangelium »außergewöhnlich positiven Beiklang«.
[63] Bultmann 1964, 141: »Dieser Satz ist keine Definition im griechischen Sinne, die die Seinsweise, die Gott an sich eigen ist, bestimmen wollte«, aber er »›definiert‹ den Gottes*gedanken*, indem er sagt, was Gott *bedeutet*, nämlich daß er für den Menschen der Wunderbare sei, der wunderbar am Menschen handelt« (analog zu 1 Joh 4,8.16).

Vorstellung zurück, es gebe besondere irdische, »heilige« Orte der Gottesverehrung.[64]

Das Johannesevangelium spricht von Jesu Tod als von seinem »Weggang« so, als ginge es um eine räumliche Ortsveränderung: »Ich weiß, woher ich gekommen bin und wohin ich gehe«, sagt Jesus zu »den Pharisäern«, die ihn ablehnen, »ihr aber wisst nicht, woher ich komme oder wohin ich gehe« (8,14). Den Jüngern dagegen sagt er in seiner Abschiedsrede: »Ich bin vom Vater ausgegangen und in die Welt gekommen; ich verlasse die Welt wieder und gehe zum Vater« (16,28), woraufhin die Jünger feststellen, dass er nun »frei heraus redet und nicht in einem Bild«. Am Ostermorgen kommt Maria Magdalena zu Jesu Grab und findet es leer (20,1f.). Als sie den Auferstandenen sieht, sagt dieser zu ihr: »Rühre mich nicht an«[65], mit der paradoxen Begründung: »Denn ich bin noch nicht aufgestiegen zum Vater«, und dann soll Maria den Jüngern diese Botschaft Jesu überbringen: »Ich steige hinauf zu meinem Vater und eurem Vater, zu meinem Gott und eurem Gott« (20,17). Diese und ähnliche Aussagen im Johannesevangelium sind nicht mit konkreten Orten in Verbindung zu bringen[66]: Der »Ort« der Herkunft Jesu und ebenso der »Ort« seiner Zukunft ist für das Johannesevangelium zweifellos »oben«, also bei Gott (3,31; 8,23); aber dieser Ort ist als »jenseitig« gedacht, als im strengen Sinne »transzendent«.

Den neutestamentlichen Evangelien zufolge geschieht die Geschichte des Gottessohnes Jesus in einer sehr realistisch beschriebenen, grundsätzlich identifizierbaren Welt – mit allen damit verbundenen Implikationen, ohne dass die dabei vorgestellten Orte und Ereignisse geographisch und historisch immer verifizierbar sind. Jesus nimmt durch seine Worte und Taten eine einzigartige

---

[64] Bultmann ebd.: »Ein Verhältnis des Menschen zu Gott, das nicht im Verhalten Gottes zum Menschen begründet ist, ist kein echtes Gottesverhältnis, sondern bleibt in der Sphäre menschlichen Unternehmens, in der Gott nicht erreichbar ist; denn Gott ist πνεῦμα.«

[65] Die Weisung μή μου ἅπτου kann auch so übersetzt werden: »Halte mich nicht fest.«

[66] Bultmann 1964, 533: »Der wahre Osterglaube ist also der, der dieses glaubt und so den Anstoß des Kreuzes verstehend besteht; er ist nicht der Glaube an eine greifbare innerweltliche Demonstration des Auferstandenen.«

Rolle ein, aber er verlässt dabei nicht die reale Alltagswelt.[67] Insofern kann das hier gezeichnete Bild des »Ortes« Jesu, wie eingangs gesagt, als »Modell« für den dem Menschen zugewiesenen »Ort« verstanden werden.

2. Bedeutsame Orte in der Geschichte des Urchristentums

1. Bald nach Jesu Kreuzestod sprachen Menschen von ihrem Glauben an seine Auferweckung durch Gott.[68] Das bedeutete noch nicht, dass eine neue »Religion« entstanden war, aber jetzt gab es Christusgläubige mit einer eigenen religiösen Identität. Jesus war auf Golgotha nahe Jerusalem gestorben und dort bestattet worden. Insofern war die Rede von Jesu Tod und Auferweckung an diesen Ort gebunden; aber es kam offenbar nicht zu einer womöglich kultischen Verehrung des als »leer« vorgestellten Grabes.[69] Der lukanische Petrus erwähnt in seiner Pfingstpredigt in Jerusalem (Apg 2,14–36)[70] das den Hörern bekannte Grab des Königs David (Apg 2,29), und dann spricht er von Jesu Auferstehung und Erhöhung (V. 32f.); aber er erwähnt nicht Jesu Grab und deutet mit keinem Wort an, dass die Anwesenden das (leere) Grab besuchen und womöglich als einen »Beweis« für Jesu Auferstehung ansehen könnten.[71]

2. In Lk 24,13–32 wird erzählt, dass zwei Jünger auf dem Weg nach Emmaus mit dem von ihnen zunächst nicht erkannten Jesus

---

[67] Eine Ausnahme ist die im Johannesevangelium fehlende Szene der Verklärung Jesu (Mk 9,2–8 und Parallelen).
[68] Die zeitliche Bestimmung »am dritten Tag« (1 Kor 15,4; Lk 18,33 u.ö.) bzw. »nach drei Tagen« (Mk 8,31; 9,31; 10,34; Mt 27,63) braucht nicht im buchstäblichen Sinne verstanden zu werden (vgl. Lindemann 2017).
[69] Das ändert sich erst erheblich später, als in der Zeit um 330 das Kreuz und das Grab Jesu gesucht (und »gefunden«) werden und die Grabes- und Auferstehungskirche errichtet wird (dazu Küchler 2007, 415–441).
[70] Diese Predigt stammt vom Verfasser der Apg; das gilt, mit Ausnahme vielleicht der Stephanusrede in Apg 7, für alle in der Apg »zitierten« Reden.
[71] Ein apologetischer Versuch, Jesu Auferstehung durch den Verweis auf das Grab beweisen zu wollen, scheitert, wie der späte Text Mt 27,62–66; 28,11–15 zeigt.

ein ausführliches Gespräch führen. Bei ihrer Rückkehr wird ihnen gesagt: »Der Herr ist auferstanden und dem Simon erschienen« (24,34); das ist überraschend, denn davon war zuvor nicht erzählt worden.[72] Der Auferstandene erscheint den Jüngern in Jerusalem (24,36-49)[73] und führt sie nach Bethanien, wo er sie segnet (V. 50); es folgen die Himmelfahrt (V. 51) und die Rückkehr der Jünger nach Jerusalem (V. 52f.), woran in Apg 1,2f. angeknüpft wird.[74] In Apg 1,4 befiehlt der Auferstandene den Jüngern, sie sollten Jerusalem nicht verlassen, sondern »auf die verheißene Gabe des Vaters warten«; ihre Frage, ob er »noch in dieser Zeit seine Herrschaft wieder aufrichten wird für Israel«[75], beantwortet er mit der Verheißung des Geistempfangs und der Ankündigung: »Ihr werdet meine Zeugen sein in Jerusalem und in ganz Judäa und Samaria und bis an das äußerste Ende der Erde« (1,6-8). Diese Worte enthalten das Programm für die Geschichte des Wirkens der Christusgläubigen, wie es in dem hier beginnenden Buch erzählt wird: Die Jünger bleiben zunächst in Jerusalem, aber es steht von Anfang an fest, dass ihre Botschaft nicht an einen bestimmten Ort gebunden ist. Dass das ebenso für die Sprache gilt, zeigt das »Pfingstereignis«: Es gibt für die Verkündigung des Evangeliums keine einheitliche, womöglich »heilige« Sprache, vielmehr hören und verstehen die Anwesenden unterschiedlichster Herkunft die Botschaft in jeweils ihrer Sprache (2,1-12).[76] Die uns bekannten Texte des Urchristentums sind zwar durchweg in griechischer Sprache verfasst worden, also in der »weltweit« verstandenen *lingua franca* des Römischen Reiches,

---

[72] Die Ersterscheinung des Auferstandenen vor Petrus wird in 1 Kor 15,5 erwähnt, aber im Unterschied zu den Begegnungen des auferstandenen Jesus mit Frauen (Mt 28,8-10; Joh 20,14-18) gibt es im Neuen Testament keine erzählende Darstellung von der Erscheinung vor Petrus.

[73] Der Ort ist für Lukas wichtig - in Mk 16,7 und vor allem in Mt 28,16-20 wird von einer Erscheinung in Galiläa gesprochen.

[74] Dazu De Jonge 2013: Lukas setzt in beiden Darstellungen voraus, dass die »Himmelfahrt« am »Ostersonntag« geschieht.

[75] In dieser Frage ist das Element der »Naherwartung« der Endzeit enthalten, das dann zurückgewiesen wird.

[76] In 2,13 klingt allerdings ein ganz anderer Aspekt an: »Andere aber spotten und sagten: Sie sind voll süßen Weins.« Möglicherweise wurden ein Sprachenwunder und eine Glossolalie miteinander verbunden.

aber das bedeutet nicht, dass die Botschaft an diese oder überhaupt an eine bestimmte Sprache gebunden wäre.[77] Die Christusgläubigen leben und wirken trotz mancher Schwierigkeiten zunächst erfolgreich in Jerusalem (Apg 3–5). Ein internes Problem wird rasch gelöst (6,1–7), aber dann kommt es zu Konflikten in einer Synagoge (6,8–10), und danach wird Stephanus (vgl. 6,5) wegen Gotteslästerung angeklagt und gesteinigt (6,11–7,60); die *ekklesia*[78] wird aus Jerusalem vertrieben (8,1). Das führt aber nicht zum Untergang der Gruppe, sondern löst im Gegenteil deren missionarisches Wirken außerhalb von Jerusalem aus, denn Philippus (vgl. 6,5) predigt mit großem Erfolg in der aus jüdischer Sicht beinahe »heidnischen« Region Samaria (Apg 8,4–25)[79]; es kann geradezu von einer »List der Geschichte« gesprochen werden.

Die Ausbreitung der Christusbotschaft geschieht gemäß dem von Lukas gezeichneten Bild auf »natürlichen« Wegen, nicht zuletzt auf den vorhandenen römischen Straßen. Aber diese Wege können auch als Folge göttlichen Eingreifens erscheinen – so beim Zusammentreffen des Philippus mit dem äthiopischen Minister an der Straße nach Gaza (8,26–40) oder bei der Begegung des Petrus mit dem in Caesarea stationierten römischen Hauptmann Cornelius in Joppe (10,1–48). Die aus Jerusalem vertriebenen Verkündiger, die die syrische Großstadt Antiochia erreichen, predigen ihre Botschaft nur zu Juden (11,19). Aus Zypern und aus der Kyrene stammende Männer[80] richten die Botschaft »Jesus ist der Herr« erstmals auch an Griechen, was Lukas knapp so notiert, als sei es zufällig geschehen (11,20b); aber dann fügt er die theologische Deutung hinzu (V. 21): »Und die Hand des Herrn war mit ihnen; viele kamen zum Glauben und wandten sich dem Herrn zu.«

---

[77] In Apg 14,11 reagiert man in Lystra auf ein Wunder des Paulus in lykaonischer Sprache, was Barnabas und Paulus scharf zurückweisen (14,15) – sie haben die fremde Sprache offenbar verstanden.
[78] Der Begriff ἐκκλησία bezeichnet hier offensichtlich allein die »hellenistischen«, also griechischsprechenden christusgläubigen Juden; das zeigt die Notiz, die Apostel seien nicht vertrieben worden (πλὴν τῶν ἀποστόλων).
[79] In Apg 8,9–11 klingt dieser Aspekt an, wenn der große Erfolg des Simon Magus beschrieben wird.
[80] Wie die Verkündigung an diese Orte gelangt sein könnte, geht aus der Apg nicht hervor. Das gilt ebenso für Damaskus (9,2ff.).

Antiochia ist Ausgangspunkt für die Reisen des Barnabas und des Saulus / Paulus[81] im südlichen Kleinasien, wo sie Juden und auch Nicht-Juden für die Christusbotschaft gewinnen (Apg 13–14). Die förmliche Entscheidung für die Legitimität der in Antiochia begonnenen »Heidenmission« fällt auf dem »Apostelkonzil« in Jerusalem; der entsprechende Beschluss verdankt sich nicht einer wunderbaren Offenbarung, sondern er erfolgt nach kontroverser Diskussion und sorgfältiger Beratung (Apg 15,1–29).[82]

3. Im Folgenden soll der »Ort« der Menschen im Urchristentum illustriert werden durch den Blick auf die Person des Paulus, wie sie uns in dem in der Apostelgeschichte gezeichneten Bild und in einigen brieflichen Selbstaussagen begegnet.[83] Der in der kilikischen Stadt Tarsus geborene Jude, Sohn eines römischen Bürgers, studierte in Jerusalem bei dem bedeutenden pharisäischen Tora-Gelehrten Gamaliel und beteiligte sich an der Verfolgung christusgläubiger Juden (Apg 22,2–5; vgl. 9,1) in dem Bemühen, »die Kirche Gottes zu vernichten« (Gal 1,13f.; vgl. Phil 3,6; 1 Kor 15,9). Dass vor und in Damaskus aus dem Verfolger ein Verkündiger wird, erzählt Lukas in Apg 9,1–19, und daran wird später in der Apg zweimal in unterschiedlicher Weise »erinnert«.[84] Auch nach seiner eigenen Darstellung empfing Paulus das von ihm gepredigte Evangelium nicht durch menschliche Vermittlung, sondern er führt seine Berufung zum Heidenmissionar auf Gott zurück: »Es gefiel Gott, der mich vom Mutterleib an ausgesondert und durch seine Gnade

---

[81] Der »Namenswechsel« in 13,9 (Saulus alias Paulus, Σαῦλος δέ, ὁ καὶ Παῦλος) ist nur scheinbar, aber insofern doch bedeutsam, als nun festgestellt wird, dass der Missionar einen bekannten römischen bzw. griechischen Namen trägt – denselben wie Sergius Paulus, der römische Prokonsul in Zypern (13,7).

[82] Die Wendung »Der heilige Geist und wir haben beschlossen« (15,28) soll nicht besagen, dass sich der Beschlusswortlaut direktem göttlichen Eingreifen verdankt.

[83] Es geht also nicht um eine Rekonstruktion des Lebens des »historischen« Paulus.

[84] In Apg 22,1–21 spricht Paulus vor der Volksmenge in Jerusalem, in 26,1–23 verteidigt er sich in Caesarea vor Gericht. Es kommt offenbar nicht darauf an, was bei der Bekehrung/Berufung »tatsächlich« geschehen ist, sondern darauf, aus welcher Perspektive diese gesehen wird.

berufen hatte, mir seinen Sohn zu offenbaren, dass ich ihn unter den Völkern verkündige« (Gal 1,15.16a). Paulus betont seine Eigenständigkeit (»Ich beriet mich nicht mit Fleisch und Blut und ging nicht hinauf nach Jerusalem zu denen, die schon vor mir Apostel geworden waren«, Gal 1,16b.17a)[85] und nennt einige für sein erstes Wirken wichtige Orte (»Ich begab mich in die Arabia und kehrte dann nach Damaskus zurück«, 1,17). Drei Jahre später folgte ein offenbar nur kurzer Besuch bei Kephas (Petrus) in Jerusalem (1,18.19)[86], und dann, so schreibt er pauschal, »ging ich in die Gebiete von Syrien und Kilikien« (1,21). Als er nach 14 Jahren an dem »Apostelkonzil« teilnahm, sah er sich, anders als in Apg 15,1f. dargestellt, nicht als Gesandter der antiochenischen Gemeinde, sondern er handelte »aufgrund einer Offenbarung« (κατὰ ἀποκάλυψιν, 2,2). Offensichtlich gab es keinen »Ort«, an den sich Paulus gebunden sah.

In seinem in Korinth[87] verfassten Brief an die Christusgläubigen in Rom[88] schreibt er, er wolle nur dort predigen, wo Christus noch nicht bekannt ist, und deshalb sei er bisher noch nicht nach Rom gekommen (15,20–22). Aber »jetzt habe ich in diesen Gegenden keinen Ort mehr« (V. 23) – Paulus sieht also seine missionarische Arbeit in Kleinasien und in Griechenland offenbar als beendet an; nach einem Besuch in Jerusalem[89] will er nach Rom gehen und dann weiter in den Westen nach Spanien (15,24). Der lukanische

---

[85] In Apg 9,26–30 begegnet eine ganz andere Darstellung, derzufolge Paulus sofort von Damaskus nach Jerusalem ging; Paulus kennt diese Tradition offenbar und widerspricht ihr vehement (vgl. Gal 1,20).

[86] Angesichts der in Gal 1,18a und dann in 2,1 genannten Zeiträume erscheint der zweiwöchige Besuch »um Kephas kennenzulernen« (ἱστορῆσαι Κηφᾶν, 1,18b) als eher kurz. Von einem »Unterricht« bei Petrus ist nicht die Rede.

[87] Auf die einzelnen der in der Apg genannten Missionsorte ist hier nicht einzugehen. Die Hafenstadt Korinth, Hauptstadt der römischen Provinz Achaja, war für Paulus von besonderer Bedeutung.

[88] Dass es in Rom Christusgläubige gab, setzen der Römerbrief und ebenso die Apostelgeschichte voraus, ohne dass von einer dortigen Mission gesprochen worden wäre. Wahrscheinlich gab es in Rom eine »Gemeinde« (*ekklesia*, s. unten), aber eine solche wird weder im Röm noch in der Apg erwähnt.

[89] Dieser Besuch soll der Übergabe der in den paulinischen Gemeinde zugunsten der Armen in Jerusalem gesammelte Kollekte dienen (Gal 2,10; vgl. 1 Kor 16,1–4; Röm 15,25–28).

Paulus sagt es ähnlich: Von Ephesus aus will er über Griechenland noch einmal nach Jerusalem reisen, aber dann »muss ich auch Rom sehen« (Apg 19,21) – dieses *muss* (δεῖ) verweist auf Gottes Handeln.[90] In Jerusalem wird Paulus unter dem Vorwurf der Tempelschändung verhaftet (21,27–36), und es kommt zu einem langwierigen, lebensbedrohlichen Gerichtsprozess (21,37–26,32). Aber nochmals zeigt sich eine »List der Geschichte«: Als römischer Bürger hat Paulus Anspruch darauf, vor dem Kaiser in Rom rechtliches Gehör zu finden (22,25–30; 25,11f.; 26,32), und so kommt gegen alle Widerstände seine Romreise doch zustande (27,1–28,16).[91] In Italien wird er von »Brüdern« empfangen (28,15), in Rom versucht er, Juden von der Christusbotschaft zu überzeugen. Er blieb, so heißt es abschließend, zwei Jahre in Rom und »predigte mit aller Freiheit ungehindert« (28,31).[92] Wieweit diese Schilderung dem historischen Ablauf entspricht, lässt sich nicht sagen.[93]

4. Aufgrund der missionarischen Verkündigung entstehen in einzelnen Städten zunächst im Osten des Römischen Reiches Gemeinschaften von Christusgläubigen, die sich als *ekklesia* (ἐκκλησία) bezeichnen. Dieser im Deutschen als »Kirche« oder als »Gemeinde« übersetzte Begriff, der in der griechischen Bibel (LXX) eine religiöse Konnotation hat[94], bezeichnet im hellenistischen Raum ganz profan eine politische Versammlung[95]; *ekklesia* wird deshalb meist ergänzt durch den Hinweis auf Gott, indem von der »*ekklesia* Gottes« gesprochen wird.[96] Die uns erhaltenen Paulusbriefe sind jeweils adressiert »An die *ekklesia* Gottes« in einer

---

[90] Die Kollekte wird in der Apg nicht explizit erwähnt, in Apg 24,17 ist sie vielleicht angedeutet; vgl. auch 11,29.

[91] Umstritten ist vor allem die Frage, ob Paulus tatsächlich *civis Romanus* war; 2 Kor 11,25 spricht eher dagegen, positive Hinweise gibt es in den erhaltenen Paulusbriefen nicht.

[92] Zu diesem »offenen Buchschluss« s. Omerzu 2001.

[93] Insbesondere der sehr detaillierte Bericht über die gefährliche Seereise nach Rom (Apg 27; 28) ist stark von Motiven geprägt, die in antiken Reiseerzählungen geläufig sind; dazu Labahn 2001.

[94] Entsprechend dem hebräischen Begriff *qahal*.

[95] Das klingt an in Apg 19,23.39f.

[96] Die Verbindung »Kirche Christi« begegnet im NT nur in Röm 16,16 (»Es grüßen euch alle Kirchen Christi«, αἱ ἐκκλησίαι πᾶσαι τοῦ Χριστοῦ).

bestimmten Stadt[97]; die *ekklesia* ist also keine abstrakte Größe, sondern eine geographisch verortete soziale Realität.[98] Zugleich aber ist sie eine »geistige« bzw. »geistliche«, »eschatologische« Größe, und als solche ist sie nicht auf einen bestimmten Raum beschränkt. Das Wort *ekklesia* kann folglich auch im umfassenden Sinne »die Kirche« meinen. Das wird besonders deutlich in der Adresse des Ersten Korintherbriefs, den Paulus richtet »An die Gemeinde Gottes, die in Korinth ist« – man könnte fast übersetzen: »soweit sie in Korinth ist« (1 Kor 1,2).

Rudolf Bultmann[99] verweist auf die charakteristische Unterscheidung »zwischen der Ekklesia als einem historischen Phänomen und der Ekklesia als der eschatologischen, vom Walten des Geistes geleiteten Gemeinde«; die konkrete »Verbindung der Einzelgemeinden zur Gesamt-Ekklesia« habe »ihren eigentlichen Grund nicht in den empirischen Gegebenheiten und Notwendigkeiten des Austausches, der gegenseitigen Hilfe oder auch des Machtanspruches«, sondern im »Selbstverständnis der Ekklesia, dem zufolge die Gesamtkirche die Priorität vor den Einzelkirchen hat«. Daher stehe »die ›Autonomie‹ der Einzelgemeinden nicht im Gegensatz zur Idee der Gesamt-Ekklesia«, schon deshalb nicht, »weil sich in jeder Einzelgemeinde die Gesamtgemeinde darstellt«.

Konkreter »Ort« des Lebens christusgläubiger Menschen ist also die in einem bestimmten geographischen Raum existierende *ekklesia*, doch zugleich bilden diese *ekklesiai* einen unbegrenzten »globalen«, buchstäblich »ökumenischen« Raum, und insofern sind »die (vielen) Gemeinden Gottes« zugleich »die (Eine) Gemeinde Gottes«.

---

[97] Der Galaterbrief ist addressiert »an die Gemeinden Galatiens« (ταῖς ἐκκλησίαις τῆς Γαλατίας, 1,2); diese (vermutlich sehr kleinen) Gemeinden existierten also offenbar in einer größeren Region.
[98] In dem nach unserer Kenntnis ältesten erhaltenen Brief wenden sich Paulus, Silvanus und Timotheus »an die Gemeinde der Thessalonicher« (τῇ ἐκκλησίᾳ Θεσσαλονικέων), was geradezu politisch klingt; eine zusätzliche Angabe verortet »die Gemeinde der Thessalonicher« ausdrücklich »in Gott, dem Vater, und [in] dem Herrn Jesus Christus« (ἐν θεῷ πατρὶ καὶ κυρίῳ Ἰησοῦ Χριστῷ). Ob die bei Paulus sehr häufige Wendung »in Christus« (ἐν Χριστῷ) räumlich zu verstehen ist, wird kontrovers diskutiert.
[99] Zum Folgenden s. Bultmann 1977, 447–449.

5. Die Wirklichkeit einer *ekklesia* spiegelt sich besonders deutlich im Ersten Korintherbrief, in dem Paulus auf eine Vielzahl aktueller Themen und Probleme eingeht, die aus der Gemeinde an ihn herangetragen worden waren. Schon in 1,10–17 erwähnt er »Spaltungen« (σχίσματα) in der Gemeinde, die – wie aus 11,17–32 hervorgeht – bei den Zusammenkünften zur sakramentalen Mahlfeier sichtbar werden: »Wenn ihr zusammenkommt an einem Ort, ist es unmöglich, das Herrenmahl zu essen (οὐκ ἔστιν κυριακὸν δεῖπνον φαγεῖν), denn jeder nimmt beim Essen sein eigenes Mahl vorweg, und der Eine hungert, der Andere ist betrunken« (V. 20f.). Ob diese Spaltungen auf die in der Gemeinde zweifellos bestehenden sozialen Unterschiede (vgl. 1,26–31) zurückgehen, lässt sich nicht sicher sagen; die rhetorische Frage (11,22a): »Habt ihr denn nicht Häuser, um zu essen und zu trinken?« spricht eher dagegen, aber in V. 22b heißt es dann doch: »Oder verachtet ihr die *ekklesia* Gottes und beschämt die, die nichts haben?«[100] Die Einheit der *ekklesia* soll gerade bei der Mahlfeier erfahrbare Realität sein, und daher lautet die Anweisung des Paulus einfach: »Wartet aufeinander« (11,33).[101]

»Einheit« ist aber nicht mit »Einheitlichkeit« zu verwechseln. Das zeigt sich gleich darauf in 12,4–31, wo Paulus das Verhältnis von Einheit und Vielfalt in der Gemeinde beschreibt unter Verwendung des in der Antike mit Blick auf Gemeinschaften sehr oft verwendeten Bildes vom »Leib« (σῶμα, *soma*), der aus vielen Gliedern besteht.[102] Paulus ist es wichtig, dass die Glieder untereinander gleichwertig sind: »Das Auge kann nicht zur Hand sagen: Ich brauche dich nicht, auch nicht der Kopf zu den Füßen: Ich brauche euch nicht« (12,21). Dieses Bild hat natürlich Schwächen, denn für das Leben ist der Kopf natürlich wichtiger als die Füße; aber Paulus kommt es auf die Feststellung an, dass alle Glieder aufeinander

---

[100] Dass dabei unterschiedliche »dogmatische« Auslegungen der von Paulus zitierten »Einsetzungsworte« eine Rolle spielten, ist eher unwahrscheinlich; vgl. Lindemann 2000, 252f.
[101] Die Wendung ἀλλήλους ἐκδέχεσθε könnte auch bedeuten »Nehmt einander an«, aber das wäre gerade an dieser Stelle wenig konkret. Paulus schreibt abschließend, er werde bei seinem geplanten Besuch »das Übrige anordnen« (11,34b).
[102] Vgl. dazu Lindemann 1999.

angewiesen sind – er weist also jede Hierarchie zurück. [103] Dem entspricht es, wie er die Vorstellung vom Leib und den Gliedern direkt auf die korinthische Gemeinde als Ganze überträgt: »Ihr seid der Leib Christi, und als Einzelne [seid ihr] Glieder« (12,27).[104] In anderer Weise spricht Paulus diesen Gedanken auch in Gal 3,26–28 aus, wo er den Satz »Ihr alle seid Söhne [bzw. Töchter[105]] Gottes durch den Glauben an Christus Jesus« erläutert durch den Hinweis auf die Taufe: »denn die ihr auf Christus getauft worden seid, habt Christus angezogen« (V. 27; vgl. Röm 13,14). Es folgt eine überraschende Konkretion (V. 28): »Da gibt es nicht Jude noch Grieche, es gibt nicht Sklave noch Freier, es gibt nicht ›männlich und weiblich‹, denn ihr alle seid *Einer* in Christus Jesus.«[106] Hier hätte Paulus wohl auch das Bild vom »Leib Christi« verwendet haben können.

Ob die Metapher »Leib Christi« und insbesondere die Rede vom Dasein »in Christus« räumlich verstanden werden kann, ist umstritten, zumal vor allem die häufig begegnende Wendung »in Christus« (ἐν Χριστῷ) in den Paulusbriefen nicht einheitlich gebraucht ist. Gemäß antikem Sprachgebrauch bezieht sich »in Christus« auf das Sein »im Machtbereich Christi«[107], und so kann der in 1 Kor 12 beschriebene »Leib Christi« wohl doch verstanden werden

---

[103] In antiker Literatur wurde das Bild vom Leib und den Gliedern oft mit stark hierarchisch geprägten Akzenten versehen.
[104] In 12,29a begegnet in Bezug auf die dort genannten »Ämter« ein anderer Akzent, der aber sofort modifiziert wird (V. 29b–31a).
[105] Die Wendung πάντες γὰρ υἱοὶ θεοῦ ἐστε bezieht sich natürlich auf beide Geschlechter.
[106] Damit wird ausgesagt, dass die religiösen, ethnischen und sozialen Differenzen »in Christus« nicht gelten. In der Formulierung »nicht männlich und weiblich« (οὐκ ἔνι ἄρσεν καὶ θῆλυ) liegt eine Anspielung auf Gen 1,27 LXX vor, wo Paulus offenbar eine Hierarchie ausgesagt findet.
[107] Beyer 2023, 78: Paulus bedient sich einer in der Antike oft belegten Wendung, »um metaphorisch die Gläubigen als in der Macht Christi darzustellen«.

als jener »Ort« bzw. »Raum«, wo das Leben der Christusgläubigen geschieht.[108]
6. Im Philipperbrief[109] kündigt Paulus in 3,18.19a »den Feinden des Kreuzes Christi« das Verderben an, weil sie »das Irdische denken« (τὰ ἐπίγεια φρονοῦντες, V. 19b); dem »Irdischen« stellt er einen ganz anderen »Ort« gegenüber (V. 20): »*Unser* πολίτευμα (*politeuma*) ist im Himmel.« Der im Neuen Testament nur hier begegnende Begriff *politeuma* ist offenbar »im Sinn von Staat oder Gemeinwesen als Bild gebraucht, um die innere Fremdheit der Christen nicht etwa speziell gegenüber dem irdischen Staat – wovon in dem Zusammenhang gar keine Rede ist –, sondern ganz allgemein gegenüber dem irdischen Bereich und ihre Zugehörigkeit zum himmlischen Reiche Christi zu beschreiben, dem sie sozusagen staatsrechtlich angehören«.[110] Es geht nicht darum, dass die Christusgläubigen in Philippi eine eigene *colonia* bilden[111]; vielmehr

---

[108] Ähnlich schreibt Paulus in Röm 12,5: »Wir, die Vielen, sind *ein* Leib in Christus, einzeln aufeinander bezogen aber Glieder«; zwar vermeidet er hier den expliziten Begriff »Leib Christi«, aber er schreibt, das Sein der »Glieder« des »Leibes« vollziehe sich »in Christus«.

[109] Ob der überlieferte Philipperbrief eine ursprüngliche Einheit darstellt oder erst im Zuge eines späteren Redaktionsprozesses aus mehreren kürzeren Briefen entstand, ist umstritten; die Redaktions-Hypothese (ursprünglich waren es drei in unterschiedlichen Situationen entstandene Paulusbriefe) wird mit guten Gründen von Standhartinger 2021, 20–23 vertreten.

[110] Strathmann 1959, 535. Standhartinger 2021, 259: πολίτευμα bezeichnet »die Aktivität des politisch entscheidungsmächtigen Teils der Bürgerschaft, das regierende Handeln, aber auch die Verfassung.« In hellenistischer Zeit gab es in manchen Städten »auf Ethnien bezogene πολιτεύματα«, so das πολίτευμα der Juden in Alexandria; aber in Phil 3,20 ist nicht gemeint, dass die Christusgläubigen in der römischen *colonia* Philippi ein πολίτευμα bilden.

[111] Die in Apg 16,12 erwähnte Tatsache, dass Philippi eine römische *colonia* war, spielt im Philipperbrief keine Rolle. Standhartinger 2021, 261: Dass Paulus vom πολίτευμα spricht, bedeutet nicht, er wolle sich »unbedingt gegenüber der Umwelt in Philippi oder Rom abgrenzen«; er formuliert vielmehr »ein Hoffnungsbild, das sich nicht von der römisch-griechischen politisch-philosophischen Diskussion um die beste Polis oder beste politische Ordnung abgrenzt, sondern sich ausdrücklich anschließt«.

existiert unser *politeuma* »im Himmel«, und »von dort«[112] erwarten wir den Retter, den Herrn Jesus Christus« (V. 20b).[113] Wie sich Paulus das Kommen des »Retters« vorgestellt hat, lässt sich nicht sagen: »Unklar bleibt, ob der ›Retter‹ die im Exil befindlichen Mitglieder heim in den Himmel führt oder ob sich mit seinem Kommen das himmlische *politeuma* auch auf der Welt ausbreitet.«[114] Paulus nimmt jedenfalls an, dass die Adressaten seines Briefes *politeuma* in 3,20 sofort verstehen und richtig einordnen können: Es gibt für sie »im Himmel« ein *politeuma*, auf dessen baldige Verwirklichung sie hoffen dürfen.[115]

7. Eine ganz anders geartete Aussage über den gegenwärtigen und den zukünftigen »Ort des Menschen« macht der Verfasser des Hebräerbriefes. Er entwirft ein stark auf »Orte« bezogenes Christusbild[116] und fordert dazu auf, Jesus zu folgen und »das Lager zu verlassen« (Hebr 13,13), denn »wir haben hier keine bleibende Stadt (πόλις), sondern die zukünftige suchen wir« (13,14).[117]

8. In früher nachpaulinischer Zeit wird das Bild der Gemeinde als »Leib Christi« und die Rede vom Sein »in Christus« im Kolosser-

---

[112] Der Verweis auf die Herkunft »von dort« (ἐξ οὗ) bezieht sich auf das *politeuma*, nicht auf den Himmel.

[113] Standhartinger 2021, 261f.: Paulus denkt an »eine in den Himmeln bereits versammelte politisch aktive Bürgerschaft«, und diese handelt »auf typische Weise, wenn sie aus ihrer Mitte einen σωτήρ ›Retter‹ sendet, um ihre anderswo ins Exil geratenen Mitbürger und Mitbürgerinnen heimzubringen«. Die Christus-Bezeichnungen σωτήρ (*sōtēr*, »Retter«) und κύριος (*kyrios*, »Herr«) lassen sich politisch verstehen, ohne dass damit direkte Polemik gegen den im zeitgenössischen Denken als »Retter« oder »Herr« (*dominus*) verstandenen römischen Herrscher verbunden sein muss.

[114] Standhartinger 2021, 265.

[115] Nach der Redaktionshypothese von Standhartinger (s.o.) war Phil 3,2–21 ursprünglich Teil eines von Paulus in Gefangenschaft geschriebenen Abschiedsbriefs (Standhartinger 2021, 215).

[116] Das zeigt das Verständnis von Christus als dem wahren »Hohenpriester, der die Himmel durchschritten hat« (Hebr 4,15), aber ebenso der Verweis auf die irdische Existenz (Hebr 5,7–10).

[117] »Suchen« ist gemeint als »streben nach«, die »zukünftige Stadt« soll also wirklich erreicht werden; sie wird nicht erst entstehen, sondern sie ist bereits vorhanden. Man kann fragen, ob hier eine Nähe zu Phil 3,20 besteht (πόλις / πολίτευμα).

und im Epheserbrief in modifizierter Weise weitergeführt[118]: Bei Paulus ist der Kopf (κεφαλή) einfach eines der Glieder des Körpers (1 Kor 12,21), während in Kol 1,18; 2,19 Christus als »das Haupt des Leibes« (ἡ κεφαλὴ τοῦ σώματος) bezeichnet wird[119], ohne dass damit aber eine hierarchische Ordnung der »unter« diesem Haupt existierenden »Glieder« impliziert ist.[120]

Der Verfasser von Kol 3,9f. schreibt mit Blick auf die Taufe: »Ihr habt den alten Menschen mit seinen Werken ausgezogen und den neuen angezogen, erneuert zur Erkenntnis nach dem Ebenbild dessen, der ihn geschaffen hat« (vgl. Gal 3,27). In 3,11 folgt eine nähere Explikation, die Gal 3,28 entspricht: »Da ist nicht Grieche und Jude, nicht Vorhaut und Beschneidung, Barbar, Skythe, Sklave, Freier, sondern Alles in Allem Christus.«[121] Barbaren sind einfach Menschen, die eine (für Griechen) unverständliche Sprache sprechen[122], Skythen hingegen, Bewohner der fernen Regionen nördlich des Schwarzen Meeres, gelten als sprichwörtlich unzivilisiert[123]; mit seiner gegenüber Gal 3,28 modifizierten Aufzählung will der Verfasser offensichtlich zeigen, dass es wahrhaftig nirgendwo einen Ort oder ein Volk gibt, wo ein »Sein in Christus« unmöglich wäre.[124]

---

[118] Kol und Eph wurden zeitlich nacheinander verfasst, Eph ist vom Kol literarisch abhängig. Ob Kol auf einen direkten »Paulusschüler« zurückgeht, ist umstritten, für Eph ist diese Annahme wohl auszuschließen. Vgl. Conzelmann/Lindemann 2004, 289–303.

[119] So dann auch Eph 1,22; 4,15; 5,23.

[120] Von den Gliedern (μέλη) wird nur in Kol 3,5 gesprochen, nicht metaphorisch. Hingegen entspricht der Sprachgebrauch in Eph 4,25; 5,30 dem des Paulus.

[121] Die Wendung »nicht männlich und weiblich« hat der Verfasser offenbar bewusst nicht übernommen, denn er sah wohl eine Spannung zur »Haustafel«, wo es in Kol 3,18f. heißt: »Ihr Frauen, ordnet euch euren Männern unter, wie es sich im Herrn gebührt«, hingegen die Weisung an die Männer: »Liebt eure Frauen und werdet nicht bitter ihnen gegenüber«.

[122] Vgl. Röm 1,14: Paulus ist als Missionar der (Heiden-)Völker »Griechen und Barbaren« verpflichtet; 1 Kor 14,11: Die »Zungenrede« kann dazu führen, dass »ich für den, der redet, zum Barbar werde, und der, der redet, wird für mich zum Barbar«.

[123] Vgl. Windisch 1933, 550. Von Bredow 2001.

[124] Das wird durch das abschließende »Alles in Allem Christus« nochmals unterstrichen, vgl. 1 Kor 15,28.

In Eph 1,20 wird gesagt, dass Gott »seine Macht erwiesen hat in Christus, indem er ihn auferweckt hat aus den Toten und hat ihm einen Platz gegeben zu seiner Rechten in den Himmeln«. In V. 21 wird diese Aussage räumlich und zeitlich zugespitzt: Christus ist erhöht »über jede ›Regierung‹[125], über jede Macht, Gewalt und Herrschaft und über jeden Namen, der genannt wird – nicht allein in dieser, sondern auch in der kommenden Weltzeit«. Im Anschluss an eine auf Christus bezogene Anspielung auf Ps 8,7 (V. 22a: Er »hat alles unter seine Füße getan«)[126] endet die Aussage mit dem Verweis auf die Kirche: »Er (Gott) hat ihn als Haupt über alles der *ekklesia* gegeben, welche ist sein Leib – die Fülle dessen, der alles in allem erfüllt« (V. 22b.23): Der nach Gottes Willen unumschränkt regierende Herrscher ist der mit der *ekklesia* verbundene Christus.[127] Das schrieb der Verfasser des Epheserbriefes in einer Zeit, als die Zahl der Christusgläubigen überaus gering war. Die mit Christus verbundene *ekklesia* wird als kosmische Größe verstanden, und entgegen allem Anschein beherrscht Christus schon gegenwärtig den Kosmos. Darin zeigt sich eine Erweiterung und Vervollständigung der traditionellen Erwartung des endzeitlich kommenden Reiches Gottes, die jetzt auch den »Ort« bzw. den »Raum« einbezieht (vgl. Eph 1,21).

---

[125] Mit der Wendung ὑπεράνω πάσης ἀρχῆς wird gesagt, dass Christus jeglichem menschlichen Machtanspruch überlegen ist.
[126] Ps 8,7 spricht von der Stellung des von Gott geschaffenen Menschen, aber dieser Text wurde schon von Paulus in eschatologischem Kontext auf Christus bezogen (1 Kor 15,28).
[127] Vgl. Lindemann 1985, 30–34.

Der konkrete »Ort«, wo die Christusverkündigung geschah und wo sich Gemeinden bildeten, war das Römische Reich, im Neuen Testament bisweilen als »Ökumene« (οἰκουμένη) bezeichnet.[128] Die Botschaft von Christus sollte an jedem denkbaren Ort verkündigt werden, sie war gerichtet an alle »Völker«, also an alle Menschen ungeachtet ihrer religiösen oder ethnischen Herkunft. Ein charakteristisches Beispiel war Paulus, der sich seit dem Augenblick seiner Berufung zu einer solchen unbegrenzten Verkündigung beauftragt sah (Gal 1,16).[129]

3. Zukünftige »Orte des Menschen«: Endzeit und Jenseits

Neutestamentliche Autoren sprechen auch von einem »Ort« oder »Raum«, den es in der Endzeit geben wird oder der in bestimmter Weise bereits gegenwärtig ist. Breit belegt ist die Rede von der *basileia tou theou* (βασιλεία τοῦ θεοῦ), die bereits in der Jesusüberlieferung ein zentrales Thema ist.[130] Im dynamischen Sinn ist der Vollzug der *Herrschaft* Gottes gemeint, räumlich verstanden ist an das *Reich* Gottes gedacht. Beide Aspekte können miteinander verbunden sein.[131]

1. Der Evangelist Markus, der in der ersten Zeile seines Buches die Erzählung von Jesus Christus[132] unter den Begriff »Gute

---

[128] Vgl. Mt 24,14; Lk 2,1 u.ö.

[129] Das ist auch das Bild in der Apg; in Apg 9,15 erfährt Ananias in Damaskus von Christus in einer Traumvision, dass der bisherige Verfolger Saulus »ein auserwähltes Werkzeug ist, zu tragen meinen Namen vor Völker und Könige der Söhne Israels«.

[130] Im Matthäusevangelium ist in der Regel von der »Herrschaft der Himmel, Himmelreich« die Rede, wobei an die endzeitlich kommende kosmische Herrschaft Gottes gedacht ist.

[131] Dazu Lindemann 1986. Bosenius 2014, 327 spricht von einem »Changieren zwischen einer räumlich geprägten und einer zeitlich zu verstehenden Verwendung dieses Begriffs«, wenn Jesus in Mk 12,34 dem Schriftgelehrten sagt: »Du bist nicht fern vom Reich Gottes«.

[132] Die zusätzliche Aussage »dem Sohne Gottes« ist handschriftlich nicht sicher bezeugt.

Botschaft, Evangelium« stellt (1,1)¹³³, fasst dann in 1,15 Jesu Botschaft in zwei Sätzen zusammen, als deren Sprecher er Jesus nennt: »Erfüllt ist die Zeit und nahe gekommen ist die *basileia* Gottes. Kehrt um und glaubt an das Evangelium!« Die Wendung »Erfüllt ist die Zeit«¹³⁴ verweist auf eine bisher erwartete, nun geschehene Zeitenwende, bei der Aussage über die »nahe gekommene« Gottesherrschaft lässt sich dagegen kaum sagen, als wie »nahe« ihr Kommen gedacht ist – jedenfalls ist Gottes *basileia* noch nicht als »bereits gekommen« anzusehen.¹³⁵ Auch in Mk 9,1, wo Jesus sehr zugespitzt von der zeitlichen Nähe der Gottesherrschaft spricht (»Amen, ich sage euch: Einige von denen, die hier stehen, werden den Tod nicht schmecken, bis sie die Gottesherrschaft sehen als gekommen in Macht«), ist nichts Genaues gesagt über den »Abstand« zwischen der Gegenwart des Sprechers und der bevorstehenden Ankunft der *basileia*. Nahm der um das Jahr 70 schreibende Evangelist Markus an, einige der mehrere Jahrzehnte früher lebenden Zeitgenossen des irdischen Jesus würden den Anbruch der *basileia* erleben?¹³⁶

In dem in der Logienquelle überlieferten Vaterunser wird Gott darum gebeten, er solle seine Herrschaft aufrichten: »Dein Reich komme« (Mt 6,10; Lk 11,2).¹³⁷ In der Mt-Fassung heißt es zusätzlich: »Dein Wille geschehe im Himmel und auf der Erde« – Gottes erwartete Herrschaft soll sich also realisieren in der weltweiten Durchsetzung seines Willens. Als Jesus »von einigen Pharisäern« gefragt wird, wann die *basileia* Gottes kommt (Lk 17,20a), antwortet er: »Die Herrschaft Gottes kommt nicht so, dass man es beobachten könnte (οὐκ ... μετὰ παρατηρήσεως), und man wird auch nicht

---

¹³³ *euaggelion* bezeichnet in Mk 1,1 nicht eine Literaturgattung, sondern die ursprünglich mündlich vorgetragene Botschaft (vgl. 1 Kor 15,1; Näheres dazu Lindemann 2014).

¹³⁴ καιρός meint nicht die sich erstreckende Zeit, sondern vor allem den (richtigen) Zeitpunkt.

¹³⁵ Vgl. Yarbro Collins 2007, 154: Gemeint ist »that the prophecies of scripture and the hopes of the people are in the process of being fulfilled«, aber dieser Prozess »becomes complete only with the coming of the Son of Man«, Mk 9,1; 13,24–27 (ebd. Anm. 114).

¹³⁶ Ob dieses »Naherwartungs-Logion« authentisch auf Jesus zurückgeht, ist umstritten.

¹³⁷ Die Bitte ist im griechischen Text als Imperativ in der 3. Person formuliert.

sagen ›Sieh hier‹ oder ›Sieh dort‹, denn siehe, die Gottesherschaft ist bei euch (ἐντὸς ὑμῶν ἐστιν)« (V. 20b.21). Ob damit gesagt ist, die (endzeitliche) *basileia* sei bereits eingetroffen, ist in der Auslegung umstritten.[138] Ausdrücklich von der Gegenwart der *basileia* spricht Jesus nur einmal; es heißt in einem Text der Logienquelle: »Wenn ich durch den Finger Gottes[139] die Dämonen austreibe, dann ist die *basileia* Gottes zu euch gelangt« (Lk 11,20/Mt 12,28). Hier ist offenbar ein punktueller Vollzug von Gottes Macht gemeint: Dort, wo Menschen durch Jesu Wirken aus dem Machtbereich von Dämonen befreit worden sind, hat sich Gottes Herrschaft durchgesetzt.[140]

Dass Gottes *basileia* ein für den Menschen heilvoller Ort ist, zeigen die meisten der Reich-Gottes-Gleichnisse.[141] Dabei kann Gottes *basileia* auch verstanden werden als ein »Ort« oder »Raum«, in den man »hineingehen«, den man aber auch verfehlen kann. In der Szene von der Kindersegnung sagt Jesus den Jüngern: »Wer die Herrschaft Gottes nicht annimmt wie ein Kind, der wird nicht in sie hineinkommen« (Mk 10,15).[142]

2. Auch in der Jesusüberlieferung gibt es, ähnlich wie in der Predigt Johannes des Täufers (Lk 3,7–9/Mt 3,7–10), eine Gerichtserwartung. Die Erzählung vom Hauptmann von Kapernaum (Lk 7,1–10/Mt 8,5–13) endet in der Mt-Fassung mit einem scharfen Kontrast, denn nachdem Jesus dem heidnischen Hauptmann Glauben

---

[138] Vgl. dazu Wolter 2008, 576: Gemeint sei nicht, dass die Gottesherrschaft ohne Vorzeichen oder »plötzlich« kommt, sondern sie kann gar nicht mehr »kommen«, weil sie schon da ist, und zwar in Jesu Wirken. Vom Kontext her spielt aber doch die Frage nach den Vorzeichen eine erhebliche Rolle.

[139] So Lk 11,20; in Mt 12,28 spricht Jesus vom »Geist Gottes«. Welche Textfassung die »ursprüngliche« ist, lässt sich nicht sagen. Dass auch in Mt 12,28 nicht der Begriff »Himmelreich« begegnet, zeigt, dass der Evangelist nicht meint, in Jesu Exorzismen sei die Endzeit angebrochen.

[140] Hier steht auch in der Mt-Fassung »Herrschaft *Gottes*« (ἡ βασιλεία σου), nicht »*Himmel*reich«.

[141] »Gerichtsgleichnisse« sind selten; sie gehen wahrscheinlich nicht auf Jesus selber zurück. So setzt das Gleichnis von den bösen Weingärtnern (Mk 12,1–12) den Tod Jesu voraus. Die historische Entwicklung nach dem Jahre 70 ist deutlich reflektiert im »Gastmahlgleichnis« Lk 14,15–24/Mt 22,1–10 (vor allem in 22,6f.).

[142] Bosenius 2014, 330–338: Das Verhalten gegenüber den Kindern ist die »Einlassbedingung« in das Reich Gottes.

bescheinigt hat (8,10), fährt er fort (8,11f.):»Ich sage euch: Viele werden kommen aus Ost und West, und sie werden mit Abraham, Isaak und Jakob zu Tisch liegen im Himmelreich, aber die Söhne des Reiches werden hinausgeworfen werden in die äußerste Finsternis; dort wird sein Heulen und Zähneklappern.«[143]

In dem in Mt 25,31-46 gezeichneten Bild vom Endgericht macht der Richter das Urteil über die vor diesem Gericht stehenden» Völker« (V. 32) davon abhängig, wie sie sich verhalten haben gegenüber dem »geringsten meiner Brüder«[144]: Die Gesegneten Gottes erben das Reich, das für sie bereitet ist von Anbeginn der Welt (25,34), die Verfluchten hingegen gehen in das ewige Feuer, das bereitet ist dem Teufel und seinen Engeln (25,41). In diesem Gericht wird es nur endgültige Annahme oder aber endgültige Verwerfung geben.

In der Logienquelle verheißt Jesus seinen Jüngern, dass sie in der Endzeit an seiner Herrschaft beteiligt sein werden: »Ihr, die ihr mir nachgefolgt seid, werdet bei der Wiedergeburt[145], wenn der Menschensohn sitzen wird auf dem Thron seiner Herrlichkeit, auch sitzen auf zwölf Thronen und richten die zwölf Stämme Israels« (Mt 19,28).[146] Das Verb »richten« (κρίνοντες) könnte sich beziehen auf eine Beteiligung der Jünger an einem endzeitlichen Strafgericht, aber »richten« lässt sich vielleicht auch im Sinne von »regieren«

---

[143] In Lk 13,24-30 begegnen diese aus Q übernommenen Worte an einer anderen Stelle im Zusammenhang einer längeren Warn- und Gerichtsrede. Vgl. auch das Jungfrauen-Gleichnis Mt 25,1-12, das freilich in V. 13 implizit das Angebot der Rettung enthält.

[144] Wenn gemäß Mt 25,31 Jesus Christus (»der Menschensohn«) als der Richter gedacht ist, sind seine »Brüder« offenbar die christusgläubigen Menschen, denen »die Völker« in unterschiedlicher Weise begegnen.

[145] »Wiedergeburt« meint hier die endzeitliche Neuschöpfung der Welt (anders Tit 3,5).

[146] In Lk 22,28-30 heißt es: »Ihr seid bei mir geblieben in meinen Versuchungen. Und wie mir mein Vater die *basileia* bestimmt hat, so bestimme ich für euch, dass ihr essen und trinken werdet an meinem Tisch in meiner *basileia*, und ihr werdet sitzen auf Thronen und richten die zwölf Stämme Israels.« Dazu Wolter 2008, 715: Die »zwölf Stämme Israels« sind »das aus Juden und Heiden bestehende Gottesvolk, dessen Messiaskönig Jesus ist und das in ungebrochener Kontinuität zu dem in den Vätern erwählten Zwölfstämmevolk« steht.

verstehen, so dass an eine Verurteilung nicht gedacht ist.[147] Oft wird angenommen, dass diese Ansage ursprünglich das Schlusswort der Logienquelle war; dann hatte es für die Adressaten geradezu eine Signalfunktion.[148]

3. In Lk 16,19–31[149] begegnet die Vorstellung von als »jenseits«, nicht als zukünftig gedachten »Orten« des Heils und der Verdammnis. Der reiche Mann und der arme Lazarus gelangen sogleich nach ihrem Tod in ein »neues«, jenseitiges Leben – Lazarus gelangt, von Engeln getragen, in Abrahams Schoß, also an einen Ort des Heils[150], der verstorbene Reiche kommt nach seinem Begräbnis in den von ihm als glühende Hölle erfahrenen Hades. Als der Reiche Abraham um einen geringen Erweis barmherzigen Handelns bittet (V. 24), wird ihm dieser verweigert unter Verweis auf sein irdisches Leben: »Kind, erinnere dich, dass du dein Gutes empfangen hast in deinem Leben und Lazarus in gleicher Weise das Schlechte, jetzt aber wird er hier getröstet, du aber leidest Qualen« (V. 25). Das Schicksal des Reichen wird nicht darauf zurückgeführt, dass er sich nicht um den vor seiner Tür liegenden Lazarus gekümmert hatte[151], und es wird umgekehrt nicht angedeutet, Lazarus habe als ein frommer Mann gelebt. Vielmehr begegnen wir hier der in der Antike auch sonst breit belegten Vorstellung von der ausgleichenden Gerechtigkeit im Jenseits.[152] Die Erwartung eines allgemeinen Endgerichts, in dem die verstorbene Menschen Lohn oder

---

[147] Wolter 2008, 714. Diese Bedeutung ist im Neuen Testament sonst allerdings nicht belegt.
[148] Dazu Verheyden 2001.
[149] Es handelt sich nicht um ein Gleichnis, es ist eine Jesus in den Mund gelegte Erzählung.
[150] Wolter 2008, 559: »Lazarus' postmortales Geschick wird damit als eine Entrückung erzählt«, deshalb wird nicht von einer Beisetzung gesprochen.
[151] Dass dies der Fall war, geht natürlich aus V. 21 hervor.
[152] Der Kontrast »Abrahams Schoß« / Hades wird in Abrahams Worten scharf zugespitzt durch den Hinweis auf die scharfe Kluft zwischen beiden Seiten (V. 26). Das in V. 27–31 folgende Gespräch des verstorbenen Reichen mit Abraham zeigt die Unausweichlichkeit des Geschehenen. Dazu Wolter 2008, 560: Hier liegt »eine am Geschick des Individuums orientierte Eschatologie« vor, »die mit einer endgültigen Zuweisung von Heil und Unheil gleich nach dem Tode rechnet und darum nicht auf ein noch ausstehendes Endgericht reflektieren muss«.

Strafe für ihr Verhalten im irdischen Leben erhalten, ist nicht im Blick.

4. Paulus spricht in seinen Briefen nur selten von der endzeitlich erwarteten *basileia*[153]; die Vorstellung von einem (räumlich verstandenen) »Jenseits« als Ort der Verstorbenen begegnet bei ihm gar nicht. In 2 Kor 12,2–5 erwähnt er zwar die ihm widerfahrene Versetzung »in den dritten Himmel« bzw. ins Paradies, wo er »unaussprechliche Worte« hörte, aber damit beschreibt er eine einzigartige Erfahrung, nicht die Vorwegnahme des allgemeinen menschlichen Schicksals. Die Zukunftserwartung ist vor allem auf die »Ankunft« (Parusie) Christi ausgerichtet; diese denkt er als zeitlich nahe, was ihn aber nicht daran hindert, Pläne für eine Reise nach Rom und von da weiter nach Spanien zu entwickeln.[154]

Im Zentrum der paulinischen Eschatologie steht die Erwartung der Auferstehung der Toten[155], auf die Paulus vor allem in zwei Briefen eingeht, offenbar als Reaktion auf Informationen, die er von den jeweiligen Adressaten erhalten hatte.[156] In dem ältesten seiner uns erhaltenen Briefe schreibt er den Christusgläubigen in der

---

[153] In Röm 14,17 relativiert Paulus die Speisevorschriften mit der Feststellung: »Denn das Reich Gottes ist nicht Essen und Trinken, sondern Gerechtigkeit und Friede und Freude im heiligen Geist.« Dazu Lohse 2003, 379: Zwar ist »der eschatologische Charakter des Reiches Gottes vorausgesetzt; der Ton liegt jedoch auf der aktuellen Gegenwartsbedeutung«. Nach 1 Thess 2,12 hat Paulus die Adressaten beschworen, sie sollten ein Leben führen, das Gottes würdig ist, »der euch berufen hat zu seinem Reich (*basileia*) und seiner Herrlichkeit (*doxa*)«. In Gal 5,21 stellt er im Anschluss an einen »Lasterkatalog« fest, dass die, »die solches tun, Gottes *basileia* nicht erben werden« (die Wendung »die *basileia* erben« begegnet auch in 1 Kor 6,9f.; 15,50). Zu 1 Kor 15,24 s.u.
[154] Man sollte also nicht von einer »brennenden Naherwartung« sprechen.
[155] Ob und inwieweit Paulus auch die endzeitliche Zukunft der Schöpfung als Ganzer (κτίσις) im Blick hatte, lässt sich kaum sagen. Eine konkrete Aussage dazu liegt in Röm 8,19–22 vor, aber auch diese ist in anthropologischer Perspektive formuliert (V. 19): »Das sehnsüchtige Harren der Schöpfung (ἡ γὰρ ἀποκαραδοκία τῆς κτίσεως) wartet auf die Offenbarung der Söhne/Kinder Gottes (τὴν ἀποκάλυψιν τῶν υἱῶν τοῦ θεοῦ ἀπεκδέχεται).«
[156] Im Folgenden sind nur 1 Thess 4,13–18 und 1 Kor 15 im Blick; auf weitere Aussagen des Paulus zur Auferstehungserwartung, insbesondere auf 2 Kor 5,1–10, kann aus Raumgründen nicht eingegangen werden.

makedonischen Stadt Thessalonich, sie sollten hinsichtlich der Verstorbenen nicht trauern[157], denn aus dem Glauben an Jesu Tod und Auferstehung folge die Gewissheit, dass Gott die Verstorbenen »durch Jesus zu ihm führen« wird (1 Thess 4,13.14). »In einem Wort des Herrn«[158] erklärt er, dass bei der von apokalyptischen Zeichen begleiteten Parusie zuerst die Toten auferstehen (V. 15–16b), und »dann werden wir, die Lebenden, gemeinsam mit ihnen zum Empfang Christi entrückt werden in die Luft« (V. 17a). Nach der Verheißung »So werden wir allezeit mit dem Herrn zusammen sein« (V. 17b)[159] blickt Paulus am Ende in Aufnahme von V. 13b (»nicht trauern«) wieder auf die Gegenwart: »Tröstet einander also mit diesen Worten« (V. 18). Die Adressaten brauchen dank ihres Glaubens an Tod und Auferstehung Christi nicht zu trauern, sondern sie dürfen der Auferstehung auch bereits Verstorbener gewiss sein. Von einem mit der Auferstehung der Toten verbundenen (End-)Gericht spricht Paulus hier nicht.[160]

Einige Jahre später schreibt Paulus gegen Ende des Ersten Korintherbriefs[161] sehr ausführlich von der Auferstehungserwartung. Eingangs verweist er, ähnlich wie in 1 Thess 4,14, auf das in der Gemeinde anerkannte Glaubensbekenntnis (1 Kor 15,3b–11)[162]; die in Korinth vertretene These: »Es gibt keine Auferstehung der Toten«

---

[157] An welche Verstorbenen hier zu denken ist, schreibt Paulus nicht; die Adressaten wussten es natürlich.
[158] Paulus sagt damit, dass er in prophetischer Vollmacht spricht; ob sich »Herr, kyrios« hier auf Gott bezieht oder auf Christus, lässt sich nicht sagen. Jedenfalls liegt kein »Wort« (Zitat) aus der Jesusüberlieferung vor.
[159] Die Luft (ἀήρ) als Raum zwischen Erde und Himmel ist nicht als dauernder »Ort« dieser Gemeinschaft gedacht. »An welchem irdischen Ort der Regierungssitz der ewigen Christus-Herrschaft ist und auf welche Weise sie ausgeübt wird, ist nicht wichtig« (Mell 2023, 339f.).
[160] Im Eingang des Briefes hatte er vom »Warten auf die Parusie« geschrieben und ergänzt, dass »Jesus uns rettet aus dem kommenden Gericht« (1 Thess 1,10).
[161] 1 Thess dürfte im Jahre 50 n. Chr. verfasst worden sein, 1 Kor vermutlich im Jahre 55.
[162] Welches Thema in 1 Kor 15 folgen wird, geht aus dieser Einleitung nicht hervor.

(V. 12)¹⁶³ stehe dazu im eklatanten Widerspruch (V. 13-19). Nach einer knappen Skizze des Endzeitgeschehens (V. 20-28)¹⁶⁴ und nach Hinweisen auf gegenwärtige Erfahrungen mit Sterben und Tod (V. 29-34) formuliert Paulus die Frage eines Gesprächspartners (»Wie werden die Toten auferstehen, in welchem Leib kommen sie?«, V. 35¹⁶⁵) und antwortet, wer so frage, sei ein Narr, denn jeder weiß doch: »Was du säst, wird nicht lebendig, wenn es nicht stirbt« (V. 36). Unter Verwendung unterschiedlicher auf die Erfahrung bezogener Bilder nennt Paulus Argumente dafür, dass die Menschen bei der Auferstehung der Toten von Gott einen neuen Leib erhalten werden (V. 37f.39-49).¹⁶⁶ Dann schreibt er nach einer neuen Anrede sehr betont (V. 50): »Fleisch und Blut können das Reich Gottes nicht erben, auch erbt das Vergängliche nicht die Unvergänglichkeit.«¹⁶⁷ Und er offenbart ausdrücklich ein Geheimnis (V. 51): »Nicht alle werden wir entschlafen, alle aber werden wir verwandelt werden«, und zwar unter apokalyptischen Zeichen (V. 52a)¹⁶⁸: »Die Toten werden auferweckt werden unverweslich, und wir werden verwandelt werden« (V. 52b).¹⁶⁹ Nach diesem allen (V. 53.54a) wird

---

[163] Es ist umstritten, wie Christusgläubige in Korinth zu dieser Aussage gekommen waren: War es philosophische Skepsis? Oder war es im Gegenteil religiöser »Enthusiasmus«, demzufolge die Gläubigen bereits als »auferstanden« galten? Dass es ein solches Denken geben konnte, zeigt der freilich erheblich später verfasste Zweite Timotheusbrief mit seinem Widerspruch gegen den (falschen) Lehrsatz »Die Auferstehung ist schon geschehen« (2 Tim 2,18).

[164] In 15,23.24 steht der ungewöhnliche Gedanke, dass Christus bei der Parusie Gott, dem Vater, die Herrschaft übergeben wird. Denn (V. 25-28) Christus »muss gegenwärtig herrschen, bis er alle Feinde unterworfen hat«, aber dann wird er selber sich Gott unterwerfen, »damit Gott sei Alles in Allem« (ἵνα ᾖ ὁ θεὸς τὰ πάντα ἐν πᾶσιν, V. 28b).

[165] Ob diese Frage in Korinth tatsächlich gestellt wurde, lässt sich nicht sicher sagen (V. 35a: ἐρεῖ τις, »jemand mag fragen«). Jedenfalls scheint die Frage darauf zu zielen, dass eine sinnvolle Antwort nicht möglich ist.

[166] Ähnlich schon Phil 3,21.

[167] Diese Aussage bereitete in der Alten Kirche nicht unerhebliche Probleme im Zusammenhang der Rede von der endzeitlichen *resurrectio carnis*.

[168] Das erinnert an 1 Thess 4,16.

[169] An die Stelle der Erwartung der »Entrückung« (1 Thess 4,17) ist in 1 Kor 15 die Erwartung der »Verwandlung« getreten.

das Schriftwort verwirklicht werden (V. 54b.55): »Verschlungen ist der Tod in den Sieg. Wo ist, Tod, dein Sieg? Wo ist, Tod, dein Stachel?«[170] Anschließend deutet Paulus diese Gewissheit der bevorstehenden Vernichtung des Todes[171] geradezu »existentiell«, indem er einen auf die Gegenwart bezogenen exegetischen Kommentar zu den zitierten biblischen Worten anfügt (V. 56): »Der Stachel des Todes ist die Sünde, die Kraft der Sünde ist das Gesetz.«[172] Paulus dankt Gott, »der uns den Sieg gibt durch unseren Herrn Jesus Christus« (V. 57), und dann leitet er aus der ganzen Argumentation einen Schlussgedanken ab, der unmittelbar den gegenwärtigen »Ort« der Adressaten betrifft (V. 58): »Folglich, meine geliebten Brüder[173], seid standhaft, unerschütterlich, wachsend allenthalben in dem Werk des Herrn, wissend, dass eure Arbeit nicht vergeblich ist im Herrn.« Die endzeitliche Zukunftshoffnung hat also ganz konkrete Folgen für des Leben der Christusgläubigen, für ihren »Ort« in der Gegenwart.

4. Der Ort des Menschen nach dem Zeugnis des Neuen Testaments

Der gegenwärtige »Ort« des Menschen ist nach neutestamentlichem Zeugnis die von Gott geschaffene Wirklichkeit. Dementsprechend geschieht das Wirken Jesu, wie es in den Evangelien erzählt wird, in der Alltagswelt der Menschen, denen er in Galiläa und in der näheren Umgebung begegnet – ohne jeden »Heiligenschein«. Die Schilderungen der Orte, wo in früher nachösterlicher Zeit die Christusgläubigen leben, lassen eine erweiterte Perspektive

---

[170] In V. 54b.55 werden Jes 25,8 und Hos 13,14 gemäß der griechischen Bibel (LXX) zitiert.
[171] Vgl. 15,26: »Als letzter Feind wird der Tod vernichtet werden.«
[172] Da von der vor allem im Römerbrief erörterten Beziehung der Sünde (ἡ ἁμαρτία) zum Gesetz (ὁ νόμος) im 1 Kor sonst nicht die Rede ist, entstand die These, V. 56 sei eine später eingefügte »Glosse«, mit der ein sonst fehlender Grundgedanke eingetragen werden sollte. Dass Paulus von ihm zitierte Worte aus der Schrift kommentiert, ist aber nicht ungewöhnlich.
[173] Die Anrede »Brüder« (ἀδελφοί) bezieht sich hier wie sonst auch auf Frauen und Männer in der Gemeinde.

erkennen: Christusgläubige ziehen sich trotz aller Widrigkeiten nicht aus dieser Welt zurück, sie leben nicht an besonderen Orten[174], und sie haben auch keine »heiligen Orte« – sie sprechen weder dem (leeren) Grab Jesu, falls es ihnen überhaupt bekannt war, noch der Stätte des Tempels in Jerusalem besondere Bedeutung zu. Für ihr Leben und für ihre Verkündigung gibt es offensichtlich keine Grenzen, was natürlich auch damit zusammenhängt, dass ihnen in der Anfangszeit ihrer Verkündigung im Römischen Reich offenbar keine äußeren Einschränkungen gesetzt waren. Die in den neutestamentlichen Texten enthaltenen Aussagen zu endzeitlich-zukünftig erhofften oder jenseitig erwarteten »Orten« sind vielfältig; aber die Autoren entwerfen keine plastischen Vorstellungen von der »kommenden Welt« oder von einem »jenseitigen Ort«.

Eine für gegenwärtiges Nachdenken relevante Antwort auf die Frage nach dem gegenwärtigen und zukünftigen Ort des christusgläubigen Menschen ist möglicherweise bei Paulus zu finden, der die gegenwärtige Existenz als Sein »in Christus« versteht und die in Gemeinden lebenden Christusgläubigen als Glieder des »Leibes Christi« sieht. Er schließt seinen in früher Zeit formulierten Gedankengang über die Auferstehung der Toten mit dem Satz: »So werden wir allenthalben beim Herrn sein« (1 Thess 4,18). Es scheint, als habe er damit den Ort des christusgläubigen Menschen in der Gegenwart und in der Zukunft angemessen beschrieben.

Literatur

Beyer, Barbara (2023): Ἐν τινι εἶναι als Hintergrund der paulinischen Rede vom Sein »in Christus« (Zeitschrift für die neutestamentliche Wissenschaft 114) 65-78.

Bosenius, Bärbel (2014): Der literarische Raum des Markusevangeliums (Wissenschaftliche Monographien zum Alten und Neuen Testament 140), Neukirchen-Vluyn.

---

[174] Wolter 2016, 71–74 zeigt, wie dieser Aspekt christlicher Existenz in der vermutlich gegen Ende des 2. Jahrhunderts n.Chr. verfassten Schrift »An Diognet« zum Ausdruck kommt.

Bredow, Iris von (2001): Art. Skythen II. Geschichte (Der Neue Pauly 11), Stuttgart/Weimar, 654-656.
Bultmann, Rudolf (1964): Das Evangelium des Johannes (Kritisch-exegetischer Kommentar über das Neue Testament II), 18. Auflage, Göttingen.
Bultmann, Rudolf (1977): Theologie des Neuen Testaments (uni taschenbücher 630), 9. Auflage, Tübingen.
Conzelmann, Hans/Lindemann, Andreas (2004): Arbeitsbuch zum Neuen Testament (uni taschenbücher 52), 14. Auflage, Tübingen.
Davies, W.D./Allison, Dale C. (1988): The Gospel According to Saint Matthew (The International Critical Commentary on the Holy Scriptures of the Old and New Testaments), Edinburgh.
De Jonge, Henk Jan (2013): The Chronology of the Ascension Stories in Luke and Acts (New Testament Studies 59), 151-171.
Küchler, Max (2007): Jerusalem. Ein Handbuch und Studienreiseführer zur Heiligen Stadt (Orte und Landschaften der Bibel Band IV,2), Göttingen.
Laaksonen, Jari (2002): Jesus und das Land. Das Gelobte Land in der Verkündigung Jesu, Åbo Akademi.
Labahn, Michael (2001): Paulus – ein homo honestus et iustus. Das lukanische Paulusportrait von Act 27-28 im Lichte ausgewählter antiker Parallelen, in: Friedrich Wilhelm Horn (Hrsg.), Das Ende des Paulus. Historische, theologische und literaturgeschichtliche Aspekte (Beihefte zur Zeitschrift für die neutestamentliche Wissenschaft 106), Berlin/New York, 75-106.
Lindemann, Andreas (1985): Der Epheserbrief (Zürcher Bibelkommentare NT Band 8), Zürich.
Lindemann, Andreas (1986): Art. Herrschaft Gottes/Reich Gottes IV. Neues Testament und spätantikes Judentum (Theologische Realenzyklopädie XV), Berlin, 196-218.
Lindemann, Andreas (1993): Samaria und Samaritaner im Neuen Testament (Wort und Dienst 22), 51-76.
Lindemann, Andreas (1999): Die Kirche als Leib. Beobachtungen zur »demokratischen« Ekklesiologie bei Paulus, in: ders., Paulus, Apostel und Lehrer der Kirche, Tübingen 1999: 132–157.
Lindemann, Andreas (2000): Der Erste Korintherbrief (Handbuch zum Neuen Testament 9/I), Tübingen.
Lindemann, Andreas (2009a): Jesus, Israel und die Völker. Zum Jesusbild der neutestamentlichen Evangelien, in: Die Evangelien und die Apostelgeschichte. Studien zu ihrer Theologie und zu ihrer Geschichte (Wissenschaftliche Untersuchungen zum Neuen Testament 241), 368-405.

Lindemann, Andreas (2009b): Die Osterbotschaft des Markus. Zur theologischen Interpretation von Mark. 16.1-8, in: Die Evangelien und die Apostelgeschichte. Studien zu ihrer Theologie und zu ihrer Geschichte (Wissenschaftliche Untersuchungen zum Nenen Testament 241), 135-155.

Lindemann, Andreas (2014): Das Evangelium bei Paulus und im Markusevangelium, in: Oda Wischmeyer, David C. Sim and Ian J. Elmer (eds.), Paul and Mark. Comparative Essays Part I. Two Authors at the Beginnings of Christianity (Beihefte zur Zeitschrift für die Neutestamentliche Wissenschaft 198), Berlin/Boston, 313-359.

Lindemann, Andreas (2017): The Resurrection of Jesus. Reflections on Historical and Theological Questions (Ephemerides Theologicae Lovansienses 93), 557-579.

Lohse, Eduard (2003): Der Brief an die Römer (Kritisch-exegetischer Kommentar über das Neue Testament IV), Göttingen.

Mell, Ulrich (2023): Das Evangelium in einem rhetorischen Brief. Ein Kommentar zum 1. Thessalonicherbrief (Wissenschaftliche Monographien zum Alten und Neuen Testament 166), Göttingen.

Müller, Christoph Gregor (2022): Der Erste Petrusbrief (Evangelisch-Katholischer Kommentar zum Neuen Testament XXI), Ostfildern/Göttingen.

Omerzu, Heike (2001): Das Schweigen des Lukas. Überlegungen zum offenen Ende der Apostelgeschichte, in: Friedrich Wilhelm Horn (Hrsg.), Das Ende des Paulus. Historische, theologische und literaturgeschichtliche Aspekte (Beihefte zur Zeitschrift für die neutestamentliche Wissenschaft 106), Berlin/New York, 127-156.

Roloff, Jürgen (1988): Der erste Brief an Timotheus (Evangelisch-Katholischer Kommentar zum Neuen Testament XV), Zürich/Neukirchen-Vluyn.

Standhartinger, Angela (2021): Der Philipperbrief (HNT 11.I), Tübingen.

Strathmann, Hermann (1959): Art. πόλις κτλ. (Theologisches Wörterbuch zum Neuen Testament VI), Stuttgart, 516-535.

Verheyden, J[oseph] (2001): The Conclusion of Q. Eschatology in Q 22,28-30, in: A. Lindemann (ed.), The Sayings Source Q and the Historical Jesus (Bibliotheca Ephemeridum Theologicarum Lovaniensium CLVIII), Leuven, 695-718.

Welck, Christian (1994): Erzählte Zeichen. Die Wundergeschichten des Johannesevangeliums literarisch untersucht. Mit einem Ausblick auf Joh 21 (Wissenschaftliche Untersuchungen zum Neuen Testament II/69), Tübingen.

Windisch, Hans (1933): Art. βάρβαρος (Theologisches Wörterbuch zum Neuen Testament I), Stuttgart, 544-551.

Wolter, Michael (2008): Das Lukasevangelium (Handbuch zum Neuen Testament 5), Tübingen.

Wolter, Michael (2016): Die Inkulturation der »Christen« im 1. Jahrhundert, in: Kultur und Identität. Konstruktionen der Identität im europäischen Kontext, hg. von Andreas Lindemann und Christian Ammer (Erkenntnis und Glaube 47), Leipzig, 71-90.

Wolter, Michael (2019): Jesus von Nazaret (Theologische Bibliothek 6), Göttingen.

Yarbro Collins, Adela (2007): Mark. A Commentary (Hermeneia), Minneapolis MN.

Zumstein, Jean (2016): Das Johannesevangelium (Kritisch-exgetischer Kommentar über das Neue Testament 2), Göttingen.

Friederike Nüssel

Die Kirche als Ort der Beheimatung der Glaubenden

1. Kirche als Heimat?

»Fremde Heimat Kirche« – unter diesem Titel sind 1993 die Ergebnisse der dritten EKD-Erhebung zur Kirchenmitgliedschaft zusammengefasst worden.[1] Wenn ich zu Beginn meiner Überlegungen an diesen Titel erinnere, dann geschieht das nicht mit dem Fokus auf die Entwicklung von Kirchenmitgliedschaft, sondern weil in diesem Titel etwas Interessantes passiert. Kirche wird als Heimat bezeichnet. Zwar schränkt die Näherbestimmung durch das Adjektiv »fremde Heimat« die Rede von der Kirche als Heimat sofort ein. Denn die Ergebnisse zeigen, dass die Kirche vielen fremd geworden war. Aber dennoch wurde sie zu Beginn der 1990er Jahre von einem »Großteil ihrer Mitglieder irgendwie als Heimat empfunden«.[2]
»Heimat« – dieser deutsche Begriff, für den es in anderen Sprachen keine wirklichen Äquivalente gibt – ist ein emotional aufgeladener und in mancher Hinsicht auch ambivalenter Begriff. »Heimat« ist ein Ort besonderer, unmittelbar empfundener geographischer, sozialer und kultureller Zugehörigkeit. Zumeist wird bei der Rede von Heimat eine geographische Region bezeichnet, aber der Begriff kann auch im übertragenen Sinne gebraucht werden, um z.B. eine

---

[1] Vgl. Engelhardt/Loewenich/Steinacker 1997. Die dritte Mitgliedschaftserhebung in Gestalt der »Repräsentativbefragung bezog sich nicht nur, wie bei den beiden ersten Befragungen vor 10 und 20 Jahren, auf evangelische Kirchenmitglieder in der damaligen Bundesrepublik und Berlin (West), sondern umfaßte nunmehr das vereinigte Deutschland und schloß eine Repräsentativbefragung von Konfessionslosen ein, die in Ostdeutschland die überwiegende Bevölkerungsmehrheit bilden.« (A.a.O., 9).
[2] A.a.O., 356.

geistige oder geistliche Heimat zu markieren. Begriffsgeschichtlich ist dabei interessant, dass das Wort Heimat vergleichsweise jung ist. Der Begriff wurde noch im 17. Jahrhundert wenig verwendet, erst ab zirka 1750 lässt sich ein Anstieg verzeichnen bis hin zu einer breiten Verwendung um 1900.[3] Dass »Kirche« mit dem Ausdruck »Heimat« in Verbindung gebracht wird, findet man gehäuft erst im 20. Jahrhundert. Generell lässt sich beobachten, dass von Heimat besonders dann gesprochen wird, wenn sie unselbstverständlich geworden ist. So scheint es auch bei der Kirche zu sein. Der Heimatbegriff gewinnt Attraktivität in einer Zeit, in der es eben nicht mehr selbstverständlich ist, dass die Kirche eine Heimat, einen Ort der selbstverständlichen Zugehörigkeit, bietet.

In welchem Sinne lässt sich die Kirche als Ort der Beheimatung verstehen? Ist es überhaupt sachgerecht, von der Kirche als Heimat zu sprechen? In welchem Sinne kann Kirche als Ort der Beheimatung verstanden werden? Diese Fragen stellen sich nicht zuletzt deshalb unweigerlich, weil es vom Neuen Testament her überhaupt nicht selbstverständlich ist, von Kirche als Heimat und damit in einem örtlichen Sinne zu sprechen. Im Hebräerbrief findet sich der einprägsame Satz: „Denn wir haben hier keine bleibende Stadt, sondern die zukünftige suchen wir." (Hebr 13,14).[4] Der Verfasser des Briefes erklärt seinen Adressaten damit, warum sie die Widrigkeiten der Nachfolge Jesu auf sich nehmen und das sichere Umfeld verlassen können. Der Ort, an dem man bleiben kann, ist die

---

[3] Vgl. DWDS (s.d), online.
[4] Vgl. Backhaus 2009, 471–474, besonders 471f: »Der soziale Exodus bezeichnet einerseits den sozialen Auszug der christlichen Minorität aus der als urbane Kultur gezeichneten Mehrheitsgesellschaft (›Stadt‹), andererseits – und dies lässt die so bedingte Statusminderung (›Schmach‹) ertragen – den Einzug in den Heiligkeitsraum Gottes.«

zukünftige Stadt, der Ort der Sabbatruhe, der katapausis.⁵ Zwar ragt die zukünftige katapausis in die Gegenwart herein. Aber wer sich der christlichen Gemeinde anschließt, ist nicht am Ruheort angekommen, sondern in einer Gemeinschaft, die auf dem Weg ist. Entsprechend kommt die Gemeinde auch nicht als Ort der Beheimatung in den Blick. Die eschatologische Erwartung ist in den neutestamentlichen Schriften zukunftsorientiert, und christliches Gemeinschaftsleben hat im ersten Jahrhundert noch nicht die institutionellen Formen angenommen, die später für den Kirchenbegriff kennzeichnend werden und geeignet sind, die Kirche als Heimat auszumalen. Gleichwohl wird aber die Besonderheit der in den Gemeinden gelebten sozialen Gemeinschaft im Neuen Testament beschrieben. Was diese Gemeinden ausmacht, wird insbesondere bei Paulus durch Bilder vor Augen geführt. Dazu gehört an erster Stelle das Bild des Leibes Christi, dann die Rede vom Haus und vom Tempel des Heiligen Geistes. Diese beiden Bilder beschreiben in unterschiedlichen Hinsichten den Grund und die Gestalt der Gemeinschaft, die die christliche ekklesia auszeichnet. Das Bild des Leibes Christi rückt den organischen Zusammenhang der Glieder in den Blick, der durch die Verbundenheit der Glieder mit Christus entsteht. Sie sind alle aufeinander angewiesen mit ihren unterschiedlichen Gaben, und wenn ein Glied leidet, sind alle in irgendeiner Weise betroffen. Demgegenüber ruft das Bild vom Tempel des Heiligen Geistes die Unterscheidung von rein und unrein auf und ist ethisch konnotiert; wichtig ist an diesem Bild aber zugleich, dass der Geist die wirkende Kraft ist. Beide Bilder rufen räumliche Vorstellungen auf. Der Leib nimmt Raum ein, der Tempel bietet Raum. Wenn der Hebräerbrief demgegenüber die Gemeinde als wanderndes Gottesvolk beschreibt, so steckt die Bildsprache im Attribut der Wanderschaft und akzentuiert die zeitliche Dimension der

---

⁵ In der neutestamentlichen Exegese hat es eine verzweigte Debatte darüber gegeben, wie die Katapausis zu verstehen ist. Nachdem Ernst Käsemann (1937) im Einklang mit Rudolf Bultmann und seiner Schule den gnostischen Hintergrund herausgestellt hat, bot Otfried Hofius (1970) eine erste umfassende Widerlegung dieser These und interpretiert die katapausis vom israelitisch-jüdischen Traditionshintergrund her als lokalen Ruheort. Zudem streicht er heraus, im Hebräerbrief »die Gemeinde nicht als wanderndes, sondern als wartendes Gottesvolk gezeichnet« werde (a.a.O., 148).

Gemeindeexistenz. Die christliche Gemeinschaftsform, die in diesen Bildern symbolisiert wird, hat räumliche und zeitliche Erstreckung.

2. Reformatorische Kritik an der Kirche als Heilsanstalt

Der deutsche Begriff »Kirche« ist gegenüber dem neutestamentlichen Wort »ekklesia« viel komplexer und hat die lange, institutionelle Ausgestaltung des christlichen Gemeinschaftslebens ebenso im Rücken wie die Geschichte des Kirchenbaus. Für die Frage nach dem christlichen Ortssinn sind gerade der Kirchenbau und seine Entwicklung nicht zu unterschätzen. An der architektonischen Entwicklung kann man einen signifikanten Teil der Frömmigkeitsentwicklung in der Christentumsgeschichte ablesen. Die ersten christlichen Gemeinden trafen sich in Privathäusern, starteten also als Hausgemeinden. Über die Jahrhunderte wurden die Kirchenbauten immer mehr zu Ausdrucksmitteln der Gottesverehrung, zu heiligen Räumlichkeiten, zu Kultzentren mit Reliquien und mit geweihten Amtsträgern in hierarchischer Ordnungsstruktur. Diese Entwicklung hat das Kirchenverständnis stark beeinflusst. Die Kirche wurde zur Station auf dem Weg in den Himmel, und zwar in ihrer kultischen und rechtlichen Ausstattung. Die Kirchengeschichte ist voll von Beispielen dafür, dass physische Orte, Kirchengebäude, kultische Gegenstände, im Osten die Ikonen, und nicht zuletzt die Klöster zu zentralen Bezugspunkten der Frömmigkeit geworden sind, zum Medium für den Kontakt zum Heiligen und zum Ort der Vorbereitung auf das Jenseits. In der mittelalterlichen Frömmigkeit stand die Ausrichtung auf das Jenseits ganz im Vordergrund. Die Kirche stand nicht in Gefahr, mit dem endzeitlichen Bestimmungsort verwechselt zu werden. Aber durch die Ausgestaltung des Bußsakraments und der erforderlichen Satisfaktionswerke und die Messopferpraxis fungierte die mittelalterliche Kirche mehr und mehr als Mittlerinstanz, die Anspruch erhob, die zeitlichen Sündenstrafen im Fegefeuer festlegen und den Zugang zum ewigen Heil beeinflussen zu können. Der Mönch und Wittenberger

Bibelprofessor Martin Luther erlebte bekanntlich massive Anfechtungen in seiner persönlichen Beicht- und Bußpraxis. Die persönliche Erfahrung und Kritik am Bußwesen wurde gesteigert durch die Beobachtung, wie der Bevölkerung der Ablasshandel als Ausweg aus der Heilsungewissheit angeboten wurde. Luther schildert in den Schmalkaldischen Artikeln regelrecht süffisant, wie der Papst mit dem Ablass zu Hilfe kam und immer neue Ideen zur Erweiterung dieses Instruments erfand; »je mehr Geld er verschlang, umso weiter wurde ihm der Schlund«[6] – beklagt Luther. Aber seine Kritik an der Kirche betrifft keineswegs nur den Ablass, sondern überhaupt das Verständnis ihrer Heiligkeit. Die Heiligkeit der Kirche besteht nach Luther nicht in den Zeremonien, »nicht in Chorhemden, Tonsuren, langen Gewändern und ihren anderen Zeremonien, die von ihnen über die Heilige Schrift hinaus erdichtet worden sind, sondern im Wort Gottes und im rechten Glauben.«[7]

Gegen das römische Kirchenverständnis setzt Luther in den Schmalkaldischen Artikeln den prägnanten Satz, der in keiner evangelischen Ekklesiologie fehlt: »Denn es weiß gottlob ein Kind von sieben Jahren, was die Kirche ist, nämlich die heiligen Gläubigen und ›die Schäflein, die ihres Hirten Stimme hören‹.«[8] Die Gemeinschaft derer, die sich auf Jesus Christus als ihren Hirten verlassen, ist Kirche. Im Hören und im Vertrauen auf sein Wort besteht die Heiligkeit der Kirche als Gemeinschaft der Gläubigen. Das Wort des Evangeliums bietet den Trost und – wenn man so will – den irdischen Ruheort für alle Menschen. Kein Bußritus, kein Altar, Kirchenraum, keine klösterliche Gemeinschaft, sondern das Evangelium. In der Reformation werden die materiellen Zutrittsorte zum Heil wie Altäre, Kruzifixe, Bilder, Reliquien mehr oder minder radikal bestritten. Die Lutheraner lassen die Bilder bestehen, insofern sie zur Veranschaulichung und Erinnerung des Heilswortes beitragen. Die Reformierten in der Treue zum Bilderverbot eliminieren alles Bildliche. Trotz dieser gravierenden Differenz besteht Übereinstimmung der reformatorischen Positionen darin, dass

---

[6] Luther 2013, 416.; vgl. hierzu auch die historisch-kritische Ausgabe von Dingel 2014, 758, 16.
[7] Luther 2013, 426; vgl. hierzu auch Dingel 2014, 776,8-11.
[8] Luther 2013, 426; vgl. hierzu auch Dingel 2014, 776,6-8.

allein das Wort Gottes, genauer die viva vox evangelii, zum Heil führt und damit der Ort ist, an dem Kontakt mit Gott zustande kommt, genauer: an dem Gott in Kontakt mit dem Menschen tritt. Ich rufe die reformatorische Einsicht in das Evangelium kurz in Erinnerung.

3. Die Rechtfertigungsbotschaft als Grundlage des reformatorischen Kirchenverständnisses

Worin das Heil besteht, darin waren sich die Reformatoren mit den mittelalterlichen Theologen und den Vertretern der römischen Lehre einig. Das menschliche Heil wurde übereinstimmend im ewigen Leben in der Gemeinschaft mit Gott im Himmel gesehen. Der Himmel ist der Ort der Gottesnähe, die Sphäre der Ewigkeit im Unterschied zur Erde als Sphäre der Zeitlichkeit und Vergänglichkeit. Die Hoffnung und Sehnsucht auf das ewige Leben wurden dabei erheblich gesteigert durch das Szenario des negativen Ausgangs in Gestalt der Verdammnis zu ewigen Höllenqualen. Ohne die ausgeprägte Zukunftsvorstellung, durch die sich die spätmittelalterliche und reformatorische Zeit von der unseren unterscheidet, lässt sich die Heilshoffnung und auch das Befreiende der reformatorischen Evangeliumsauslegung nicht verstehen. Die reformatorische Einsicht bezieht sich auf die Frage, wie der Mensch zur ewigen Gemeinschaft mit Gott gelangt.»Nicht durch Werke, sondern allein durch den Glauben« – lautet die reformatorische Antwort. Der Glaube ist der von Gott bestimmte Weg zum Heil. Denn der Glaube ist das gerechte, d.h. das Gott entsprechende Gottesverhältnis. Was kennzeichnet den Glauben? Luther hat das Wesen des rechten Glaubens durch die Unterscheidung zwischen fides historica und fides salvifica erklärt. In der fides historica wird der Geschichte Jesu, seinem Kreuz und seiner Auferweckung, als einem historischen Geschehen zugestimmt. Aber solche Zustimmung ist kein heilsamer Glaube, keine fides salvifica. Heilsam ist der Glaube, wenn er sich auf die Verheißung Gottes verlässt, die Gott in der Geschichte Jesu Christi in der Kraft seines Geistes gegeben hat. Wo darauf vertraut wird, dass das für mich (pro me) geschehen ist, dass Gott mir darin seine Gnade und Liebe schenkt, ist der Glaube heilsam. Er eröffnet eine neue Beziehung zu Gott. Solcher Glaube ist deshalb nicht nur heilsam, sondern zugleich gerecht, weil er Gottes Wort der Verheißung glaubt und darin Gott als den anerkennt, der sich im Sohn dem Menschen zugewandt und die trennende Macht der Sünde überwunden hat. Die Pointe der reformatorischen Erkenntnis liegt darin, dass Gott selbst alles getan hat, um dem Menschen neue Gemeinschaft mit sich zu eröffnen. Alles – das heißt: Es gibt nichts, was der Mensch selbst tun müsste oder könnte, um der Verheißung Geltung für sich zu verschaffen oder sich ihrer würdig zu erweisen. Die Rechtfertigung – also Gottes Zusage der Gerechtigkeit und Seligkeit – geschieht nicht aufgrund von Werken oder Verdiensten. Die Zusage besteht nach reformatorischem Verständnis darin, dass der Mensch im Glauben und nicht in den Werken gerecht wird. In der Betonung des Glaubens als Modus der Heilsteilhabe und der Ablehnung menschlicher Verdienste besteht die Abgrenzung von der spätmittelalterlichen Gnadenlehre und allen vorherigen Auslegungen, die in irgendeiner Weise davon ausgingen, dass der Mensch zu seinem Heil durch Leistungen vor Gott gerecht werden könne.

Indem die reformatorischen Theologien das »sola fide« lehrten, entstanden zwei große Anschlussfragen, die die reformatorischen Debatten in vielen Facetten immer neu beschäftigt haben und bis heute beschäftigen. (1) Die eine Frage betrifft die Rolle der Werke bzw. der Erfüllung des göttlichen Gesetzes. Ist es gleichgültig, was der Mensch tut? Sind gute Werke am Ende schädlich zur Seligkeit? (2) Die andere große Frage betrifft das Verständnis und die Rolle des Glaubens: Wenn allein der Glaube gerecht macht, ist dann die Rechtfertigung nicht doch an eine Bedingung auf Seiten des Menschen geknüpft, nämlich den Glauben, in welchem der Mensch sich die Zusage des Evangeliums aneignet? Über diese Fragen könnte man mühelos einen eigenen Vortrag halten, aber in unserem Zusammenhang soll es um das Verständnis der Kirche gehen, darum kann ich zu den beiden Fragen nur kurze Hinweise geben. (Ad 1) Luther ging davon aus, dass das Vertrauen auf Gott den Willen des Menschen verändert. Wer vertraut, sich auf jemand anderen verlässt, dessen Verhalten ist insgesamt von diesem Vertrauen bestimmt. Für Luther war die beste Erklärung das Bild vom guten Baum, der gute Früchte bringt. Die Frage, ob gute Werke dem Glauben folgen müssen bzw. der Glaube sich in guten Werken zu bewähren hat, setzt bereits ein Folgeverhältnis von Glaube als Vertrauen und Ausrichtung des Handelns voraus, das Luther in seinem Verständnis des Glaubens gerade nicht impliziert. Wer Gott vertraut, will das, was Gott will, und das gilt auch und gerade dann, wo man sich als im Widerspruch zu Gottes Willen agierend wahrnimmt. (Ad 2) Der Glaube ist nach reformatorischem Verständnis keine Leistung des Menschen und keine Vorbedingung der Rechtfertigung. Die Reformatoren haben den Glauben als Werk des Heiligen Geistes beschrieben und damit ausgeschlossen, dass es sich um ein Werk des Menschen handelt, welches dieser aus sich heraus erbringt. Unter diesem Vorzeichen gab es dann in der reformatorischen Theologie allerdings verschiedene Erklärungsmodelle bzgl. der Frage, wie man das Verhältnis von göttlicher und menschlicher Aktivität genauer zu verstehen hat. Damit verbunden gab und gibt es unterschiedliche Auffassungen über den Bezug zu Christus im Glauben. Man kann den Glauben verstehen als Aneignung der Zusage, dass Gott in Christus die Sünde vergeben hat und ewiges Leben verheißt. Dann ist der Gott, der in Christus gehandelt hat, der Bezugspunkt des Glaubens. Man kann den Glauben aber auch im Sinne der paulinischen Vorstellung vom Sein in Christus verstehen, dann ist der Glaube zuerst die Gemeinschaft mit Christus, in der ein neuer Bezug zu Gott gegeben ist. In der nachreformatorischen Lehrentwicklung gab es beide Varianten. Sie schließen sich nicht aus, sondern setzen unterschiedliche Akzente. Übereinstimmend wird in der evangelischen Tradition der Glaube als ein durch die Lebensgeschichte Jesu Christi begründetes und durch den Geist vermitteltes Beziehungsgeschehen zwischen Gott und Mensch verstanden. Im Glauben wird eine besondere Form der geistigen Beziehung und Gemeinschaft erlebt, d.h. die Gemeinschaft mit Gott, die durch das Vertrauen auf Gott geprägt ist und ihren Grund hat im Evangelium. Das hat Konsequenzen für das Kirchenverständnis und für die Frage, inwiefern Kirche nach reformatorischem Verständnis Ort der Beheimatung sein kann.

4. Kirche als creatura verbi und communio sanctorum

Ohne die Verkündigung des Evangeliums kann es keinen Glauben, damit keine heilsame Gottesbeziehung und auch keine Gottes Wort entsprechende Gemeinschaft unter den Menschen geben. Diese schlichte Einsicht bestimmt das evangelische Verständnis von Kirche, wie man es schon der Confessio Augustana entnehmen kann. Damit Glaube entsteht, hat Gott – so heißt es in Art. V – das Predigtamt eingesetzt. Entsprechend ist die Kirche reformatorisch an erster Stelle dadurch bestimmt, dass in ihr das Evangelium verkündigt wird. In Art. VII der Confessio Augustana erklärt Melanchthon, die Kirche sei die Versammlung aller Gläubigen, »bei denen das Evangelium rein gepredigt und die heiligen Sakramente gemäß dem Evangelium gereicht werden.«[9] Im folgenden Art. VIII verdeutlicht er, dass die Kirche wirklich nichts anderes sei »als die Versammlung aller Gläubigen und Heiligen«[10], auch wenn in der sichtbaren Versammlung der Gemeinde viele Sünder und Heuchler sind. Melanchthon spricht hier über die Kirche nicht unter der Frage nach der Kirche als Ort, sondern unter der Frage, was für die Einheit der Kirche unabdingbar ist. Gleichwohl enthalten seine Aussagen eine Antwort auf unsere Frage nach der Kirche als Ort der Beheimatung der Gläubigen. Diese Antwort hat zwei Dimensionen: Zum einen ist Kirche da, wo das Evangelium rein gepredigt und die Sakramente gemäß dem Evangelium gereicht werden. Der Ort der Kirche bestimmt sich also aus diesen Vollzügen, die Kirche ausmachen. Ohne Evangeliumsverkündigung in Predigt und Sakramenten gibt es Kirche nicht. Wo die Evangeliumsverkündigung hingegen stattfindet, da ist Kirche. Denn durch die Verkündigung des Evangeliums gelangen Menschen zum Glauben, im Glauben haben sie Anteil an dem, was heilig ist, am Wort Gottes, und sind durch diese Teilhabe heilig, durch das Wort Gottes werden sie zur Gemeinschaft versammelt, die im Glauben mit Gott und untereinander verbunden sind.

---

[9] Melanchthon 2013, 50.
[10] Melanchthon 2013, 51.

Das Profil reformatorischer oder evangelischer Ekklesiologie lässt sich daraus erkennen, was hier nicht gesagt wird. Es wird nicht von der Kirche in ihrer hierarchischen Ordnung gesprochen. Es wird nicht die Auffassung vertreten, Kirche sei da, wo der Bischof ist oder wo Priester die Messe zelebrieren. Ausdrücklich lehnt Melanchthon ferner ab, dass Kirche sich durch bestimmte gleichförmig überall eingehaltene Zeremonien zu erkennen gebe. Stattdessen bringt Melanchthon zur Geltung, dass Kirche dort ist, wo das Evangelium verkündet wird und sich Menschen um das Evangelium versammeln. Das Wort Gottes bildet dabei den Ursprung und bleibenden Grund der Kirche, die Kirche ist creatura verbi.[11] Denn durch das Wort Gottes werden Menschen zur Gemeinschaft der Glaubenden versammelt.

Das Stichwort der Versammlung ist ein erster Hinweis auf den sozialen Charakter der Kirche, durch den sie ein Ort der Beheimatung wird. Dass sich Menschen versammeln, wenn sie mit einer Botschaft angesprochen werden, gehört zur sozialen Lebensform des Menschen. Man braucht nur in eine Fußgängerzone zu gehen, um zu erleben, wie selbstverständlich das passiert. Reden, gestische Darbietungen, Musik locken Menschen an, lassen sie zusammenkommen, einen Kreis bilden, bei dem oft kaum noch ein Durchkommen ist. Menschen sind soziale Wesen und als solche versammlungsfreudig. Versammlungsfreiheit ist ein wichtiges Gut. Versammlungen, insofern sie Ausdruck gemeinschaftlicher, auf Kommunikation angelegter Entfaltung sind, sind grundrechtlich geschützt.

Nicht aus jeder Versammlung erwächst allerdings eine Gemeinschaft. Für die Kirche als Ort der Glaubenden ist es charakteristisch, dass die Versammelten eine Gemeinschaft bilden, eine besondere Gemeinschaft, die communio sanctorum, wie es im Apostolikum heißt. Die Besonderheit dieser Gemeinschaft liegt zum einen darin, dass sie ihren Ursprung nicht in einer menschlichen Botschaft hat, sondern in Gottes Wort. Damit verbindet sich zum

---

[11] Vgl. Luther 1883, 13,38f:»Stat fixa sententia, ecclesiam non nasci nec subsistere in natura sua, nisi verbo Dei.« Vgl. außerdem Luther 1897, 721,12f:»tota vita et substantia Ecclesiae est in verbo dei«. Siehe hierzu auch Ringleben 2010, 170–192.

anderen die Besonderheit der Gemeinschaftsform. In der modernen evangelischen Ekklesiologie und im ökumenischen Gespräch über die Kirche werden vier Grundvollzüge unterschieden, die das Leben der Kirche ausmachen: leiturgia, martyria, diakonia, koinonia. Ich beziehe mich hier vor allem auf die Studie »Die Kirche Jesu Christi« der Gemeinschaft Evangelischer Kirchen in Europa.[12]

5. Kirche als Gemeinschaft in leiturgia, martyria, diakonia, koinonia

Die Kirche ist zuerst und grundlegend Gemeinschaft in der leiturgia, also in der Feier des Gottesdienstes. In der Feier des Gottesdienstes erfahren die Versammelten die Zusage des Evangeliums nicht nur in der Predigt und in den Sakramenten, sondern in der gesamten liturgischen Feier. Die Liturgie stellt eine Bewegung dar, in der die feiernde Gemeinde sich immer konkreter als Gemeinde erfahren kann, beginnend mit der gemeinsamen Anrufung Gottes zu Beginn, gefolgt von Sündenbekenntnis und Verkündigung des Evangeliums bis hin zum Erleben der Gemeinschaft in der Feier des Abendmahls und der gemeinsamen Fürbitte. Die Feier des Abendmahls ist im Rahmen der Liturgie dabei der Ort, an welchem die Gemeinschaft am intensivsten erfahrbar wird. Denn mit der Zusage der versöhnenden Präsenz Jesu Christi in den Abendmahlsworten wird die Gemeinde eingeladen zur Gemeinschaft am Tisch des Herrn. In der Abendmahlstheologie ist insbesondere im lutherischen Bereich lange ein Akzent auf die individuelle Erfahrung der vergebenden Gegenwart Jesu Christi gelegt worden. Dafür ist die reale Präsenz Jesu Christi die Voraussetzung. Die Frage der Realpräsenz zwischen Lutheranern und Reformierten war bis zu den Kirchenunionen bzw. bis zur Leuenberger Konkordie bekanntlich ein kirchentrennendes Thema. Dabei ist historisch interessant, dass gerade dieses Thema auf beiden Seiten zu einer tieferen Reflexion auf räumliche oder örtliche Präsenz geführt hat. Aber das Thema des Abendmahls ist nicht eigentlich die individuelle

---

[12] Vgl. Leuenberger Kirchengemeinschaft 1994, 50–55.

Situation vor Gott, sondern das Erleben und die Vergewisserung der Gemeinschaft des Leibes Christi. Durch die Zusage der Gemeinschaft in und mit den Elementen von Brot und Wein versammelt Jesus Christus die Glaubenden um sich und fügt sie zur Mahlgemeinschaft zusammen. Das wird in der evangelischen Feiergestalt des Abendmahls, in der sich die Gemeinde um den Tisch im (Halb)-Kreis versammelt, sinnenfällig zur Darstellung gebracht.

Die zweite Dimension der Kirche als Gemeinschaft der Glaubenden besteht in der martyria, dem öffentlichen Zeugnis vom Evangelium. Dieses wurzelt in der Zusage des Evangeliums und der gottesdienstlichen Erfahrung, die zum Zeugnis bestärkt. Das Spektrum der Zeugnisgestalten ist groß und nicht fest umrissen. Bei dem griechischen Wort martyria denkt man natürlich zuerst an die Märtyrer, die für ihren christlichen Glauben gelitten haben und gestorben sind. In der jüngeren Geschichte wurden Menschen im Nationalsozialismus zu Zeugen für ihren Glauben, insbesondere Dietrich Bonhoeffer, aber auch der katholische Priester Paul Metzger, der Begründer der ökumenischen una-sancta-Bewegung, der wegen seiner pazifistischen Lebenshaltung von den Nazis verurteilt und gehängt wurde. Aber christliches Glaubenszeugnis beginnt, wie der Text »Die Kirche Jesu Christi« herausstellt, schon bei der Übernahme der Verantwortung für eine christliche Kindererziehung. Wenngleich das Glaubenszeugnis vielfach individuell praktiziert wird, ist die martyria wie die leiturgia auch ein gemeinschaftliches Geschehen. Zum einen stehen Glaubende in ihrem Glaubenszeugnis für die Kirche als Gemeinschaft ein, zum anderen gibt es auch gemeinschaftliche Zeugnisakte. Schon die Feier des Gemeindegottesdienstes ist ein Akt des gemeinsamen Zeugnisses, aber auch in vielen anderen Zusammenhängen, z.B. in der Ökumene, legt Kirche als Gemeinschaft Zeugnis ab. Dabei ist der Übergang zur Dimension der diakonia fließend.

Die dritte Dimension der diakonia ist wohl diejenige, in der in unserer säkularen und zunehmend multikulturellen Gesellschaft Kirche die meisten Menschen erreicht. In der Unterstützung von Armen, Obdachlosen, Flüchtlingen, Kranken, Hilflosen wird die Zuwendung Gottes im Evangelium konkret in die lebensweltliche Situation der Menschen übersetzt. Voraussetzung ist nicht, dass sie glauben und sich der Kirche anschließen, und insofern wird in der

Diakonie die bedingungslose Zuwendung praktiziert, die Gott den Menschen im Evangelium zusagt. Auch und gerade in der diakonia ist Kirche als Gemeinschaft aktiv. Denn wenngleich Einzelne den Dienst tun, geschieht dies doch im Namen und mit den Ressourcen der Gemeinschaft der Kirche, sei es auf der Ebene der Gemeinde, auf der Ebene von Kirchenbezirken bis hin zur Landeskirche oder durch die kirchlichen Hilfswerke. Darüber hinaus begegnen die Kirchen den wachsenden Aufgaben der Diakonie auch durch eine sogenannte »politische Diakonie«, die nicht nur die einzelnen Hilfsbedürftigen, sondern »die sozialen Aufgaben der Gesellschaft bedenkt und aufnimmt (z.B. durch sozialethische Denkschriften oder diakonische Einrichtungen: Krankenhäuser, Beratungsstellen, Telefonseelsorge).«[13]

Die vierte Dimension der Kirche als Gemeinschaft besteht in der koinonia und damit in der Aufgabe, Gemeinschaft zu leben, zu bezeugen und zu pflegen. Während die Dimensionen der leiturgia, martyria und diakonia durch die gesamte Kirchengeschichte hindurch ein Thema ekklesiologischer Reflexion waren, ist das Thema der koinonia erst durch die Ökumenische Bewegung im 20. Jahrhundert prominent hervorgetreten. Die globalen ökumenischen Institutionen, die seit den 1920er Jahren entstanden sind, sind alle angetreten, um die Gemeinschaft der Christen und Kirchen auf allen Ebenen des kirchlichen Lebens, also in Gottesdienst, Zeugnis und Dienst, zu fördern. Im Hintergrund steht die Einsicht, dass die sichtbare Wirklichkeit der Kirche durch die Trennungen bestimmt ist und darin dem Bekenntnis zur einen, heiligen, katholischen und apostolischen Kirche im Glaubensbekenntnis von Nizäa und Konstantinopel widerspricht und auch dem Bekenntnis zur communio sanctorum im Apostolikum zuwiderläuft. Das Streben nach Einheit ist selbst kein neues Ziel. Der Aufbau der kirchlichen Amtshierarchie stand eigentlich unter dem Vorzeichen, Einheit zu wahren. Das war auch das Ziel der ökumenischen Konzilien, auch wenn sie darin nur begrenzt erfolgreich waren. Die Kirchenspaltungen im Osten nach dem Konzil von Chalcedon, dann zwischen Ost und West mit dem Schisma von 1054 und später im Westen mit der Reformation haben die Kirche verletzt und wurden auch nicht einfach

---

[13] Leuenberger Kirchengemeinschaft 1994, 54.

hingenommen. Aber erst in der globalen ökumenischen Bewegung begann der konzertierte Versuch, etwas an der zersplitterten Erscheinungswirklichkeit der Kirche zu ändern. Damit wurde de facto die Frage nach der Kirche als Ort der Beheimatung adressiert. Denn mit der Zersplitterung erwächst für die, die das Evangelium hören und sich in der Kirche als Gemeinschaft verorten wollen, die Frage, welche Kirche denn ihr Ort ist. Die Trennungen zwischen den Konfessionen war für viele Menschen eine große Belastung, und selbst in unseren säkularen Breiten ist sie das für manche sogar bis heute.

Über die individuellen Erfahrungen mit der Uneinheit hinausgehend wird in der Kirchenstudie der GEKE das Problem der Trennungen tiefergehend analysiert und auf die Sünde zurückgeführt, die Gemeinschaft/koinonia zwischen Gott und seinen Geschöpfen zerstört. Daher gehöre es »zum Auftrag der Christen, das Elend der durch die Sünde zerstörten Gemeinschaft zwischen Gott und seinen Geschöpfen und ihre Auswirkungen auf die ganze Schöpfung beim Namen zu nennen und jeder Verharmlosung dieses Elends zu wehren. Dies schließt die Bezeugung der Wiederherstellung dieser Gemeinschaft ein.«[14] Zugleich enthält die Zusage des Evangeliums die Verheißung, dass nicht nur Einzelne, sondern die Gemeinschaft der Christen auf den Weg gesandt ist »zur Vollendung der Gemeinschaft Gottes mit seiner Schöpfung.«[15] Sie soll darum »offene, einladende Gemeinschaft«[16] sein, »die alle Menschen zur Teilhabe gewinnen will.«[17] Zu dieser Offenheit und damit zum katholischen Wesen der Kirche gehört, »Offenheit über nationale, ethnische und soziale Grenzen hinaus zu praktizieren und das Evangelium als Verheißung Gottes für alle, die sie im Glauben annehmen, zugänglich zu machen. So kann die Kirche von der neuen Menschheit, die in Jesus Christus begonnen hat, Zeugnis ablegen. Christen sind in Pflicht genommen, in ihrem Gemeinschaftsleben deutlich zu machen, dass die Gemeinschaft Gottes mit den Menschen in Schöpfung, Versöhnung und Vollendung Grund und Ziel menschlicher

---

[14] A.a.O., 55.
[15] A.a.O.
[16] A.a.O.
[17] A.a.O.

Gemeinschaft und der Gemeinschaft mit der ganzen Schöpfung ist.«[18]

6. Kirche – ein sichtbarer Ort?

Eingangs hatte ich von der Abgrenzung des reformatorischen Kirchenverständnisses gegenüber dem spätmittelalterlichen gesprochen. Kirche ist keine Heilsanstalt. Der Heilsort, das Wort, durch das sich Gott mitteilt und vergegenwärtigt, ist nicht an physische Orte gebunden. Man kann auch die Gemeinschaft der Heiligen nicht sehen, wie Luther und Melanchthon geltend machten. Denn unter der sichtbaren Versammlung befinden sich nach Melanchthon Heuchler und Sünder. Wer durch wahren Glauben zur Gemeinschaft der Heiligen gehört, ist menschlicher Wahrnehmung nicht zugänglich. Diese Auffassung hat im Protestantismus immer wieder zu einer Herabwürdigung der sichtbaren Kirche geführt bis hin zu der Auffassung, dass die Kirche prinzipiell unsichtbar sei. Das allerdings war nicht Melanchthons Auffassung. Während die Vertreter der römischen Lehre den Reformatoren vorwarfen, bei ihnen sei die Kirche eine civitas platonica, lehnte er diese Behauptung vehement ab. Die Kirche existiert als Gemeinschaft der Glaubenden nicht in einer unsichtbaren Parallelwelt, sondern die wahre Kirche ist hier und jetzt unter der sichtbaren Versammlung verborgen. Zwar kann man nicht sagen, wer zu den wahrhaft Glaubenden gehört. Aber man kann erkennen, wo die Gemeinschaft der Glaubenden ist, dort nämlich, wo das Evangelium rein gepredigt wird und die Sakramente dem Evangelium gemäß gereicht werden.

In den letzten Jahrzehnten ist es für evangelische Theologie in zwei Kontexten wichtig geworden, wieder klar und deutlich von der Sichtbarkeit der Kirche zu sprechen. Der eine Kontext ist das ökumenische Gespräch mit den Kirchen, die die sichtbare Wirklichkeit der Kirche betonen: die römisch-katholische Kirche, die orthodoxen Kirchen, die Kirchen der anglikanischen Kirchengemeinschaft, teilweise auch die lutherischen Kirchen. Während für die

---

[18] A.a.O.

genannten Kirchen die Sichtbarkeit im Amt wichtig ist, speist sich die evangelische Zuwendung zum Gedanken der Sichtbarkeit oder Erfahrbarkeit der Kirche aus Überlegungen zur Gegenwart Jesu Christi in der Welt. Dietrich Bonhoeffer konnte sagen »Christus als Gemeinde existierend«[19]. Karl Barth versteht die Kirche als vom Geist erweckte Gemeinde als den Leib Christi im Sinne seiner irdisch-geschichtlichen Existenzform.[20] Auch wenn die Sichtbarkeit der Kirche in der Ökumene also unterschiedlich akzentuiert wird, besteht die Differenz nicht schon darin, dass die Sichtbarkeit der Kirche überhaupt bestritten würde.

Der andere Kontext, in dem die Erkennbarkeit der Kirche in der Moderne wichtig geworden ist, ist die säkulare Welt. Dass Menschen die Kirche aufsuchen, war in der Reformationszeit selbstverständlich und ist es heute nicht mehr. Kirche muss sich bemerkbar machen, erkennbar sein in den Grundvollzügen, die ihre Gemeinschaft ausmachen. Kirche muss heute (wieder) zu den Menschen kommen und ihr Zeugnis sichtbar und spürbar machen. Sie muss ihren Gottesdienst, ihr Zeugnis, ihre diakonische Arbeit, ihre Gemeinschaft zeigen. Das wird schwieriger, je mehr die Ressourcen zurückgehen, die gegenwärtig in Deutschland noch eine relativ starke Präsenz und eine institutionelle Grundausstattung ermöglichen.

7. Die Kirche als Vorzeichen der Heimat im Reich Gottes

Die Kirche ist durch ihre besondere Gemeinschaftsform Ort der Beheimatung der Gläubigen. Das schließt nicht aus, sondern ein, dass Kirche als Gemeinschaft ihren Ort, ihre Kirche, heimatlich ausgestaltet im Kirchenbau, in der Innengestaltung der Kirche, in der Gestaltung des Gemeindehauses, etc. Aber dabei ist zurückzudenken an den Hebräerbrief und sein Wort: Wir haben hier keine bleibende Stadt. Kirche ist Gemeinschaft im Bezug auf die Botschaft des

---

[19] Bonhoeffer 1986, 159.
[20] Vgl. Barth 1953, § 62, 718 und Barth 1959, § 72, 827f.

Evangeliums, und diese ist nicht nur eine Botschaft von der Vergebung und Rechtfertigung hier und jetzt, sondern Botschaft vom Reich Gottes. Karl Barth hat das in seiner Kirchlichen Dogmatik eindrucksvoll betont. Kirche ist »in der Welt nirgends zuhause [...], nur gerade als das ›wandernde Gottesvolk‹«[21], sie ist nur »da und dort zu Gast«, sie zeltet und kampiert auf Erden ohne »Niederlassungs- oder gar Bürgerrechte«[22]. Das kennzeichnet nach Barth ihre Schwachheit im Gegenüber zu der sie umgebenden Menschheit. Die Heimatlosigkeit der Kirche interpretiert Barth mit dem Hebräerbrief von Christus her als dem ersten und vornehmsten »Gast und Fremdling, der daselbst keinen Raum in der Herberge fand und bis auf diesen Tag keinen finden kann.«[23] Die Kirche wäre nach Barth nicht Gemeinde und Leib Christi, wenn sie nicht an diesem Sein als Gast und Fremdling partizipierte.[24]

Diesen Gedanken weiterspinnend kann man vielleicht sagen: Kirchliche Gemeinschaft existiert darin, dass sie in Anerkenntnis ihres eigenen Gaststatus Menschen in ihre gemeinschaftliche Wanderschaft hineinnimmt und ihnen so einen Ort der Zugehörigkeit gibt. Die Besonderheit dieses Ortes liegt in seiner Bewegung auf das Reich Gottes hin und in dem besonderen Gemeinschaftscharakter. In verschiedenen ökumenischen Gesprächen ist die Kirche als Vorzeichen oder Vorgeschmack des Reiches Gottes beschrieben worden. Damit ist zum einen gegen alle Verabsolutierung der Kirche die Unterscheidung zwischen Kirche und Reich Gottes herausgestellt worden. Zum anderen wird mit dieser Wendung aber deutlich, dass im Erleben kirchlicher Gemeinschaft, sei es im Gottesdienst oder in der diakonischen Arbeit, ein wenn auch noch so fragmentarisches Erleben der ewigen Gemeinschaft zwischen Gott und Menschen möglich wird. Diese Gemeinschaft, in der Liebe, Friede und Gerechtigkeit herrschen, ist die Verheißung des Reiches Gottes.

---

[21] Barth 1959, § 72, 850.
[22] A.a.O.
[23] A.a.O.
[24] Vgl. a.a.O., 851.

Literatur

Backhaus, Knut (2009): Der Hebräerbrief. Übersetzt und erklärt (Regensburger Neues Testament), Regensburg.

Barth, Karl (1953): Die Lehre von der Versöhnung (Kirchliche Dogmatik IV/1), Zürich.

Ders. (1959): Die Lehre von der Versöhnung (Kirchliche Dogmatik IV/3), Zürich.

Berlin-Brandenburgische Akademie der Wissenschaften (Hg.): Stichwort „Heimat", in: DWDS – Digitales Wörterbuch der deutschen Sprache, <https://www.dwds.de/wb/Heimat>, abgerufen am 30.05.2023.

Bonhoeffer, Dietrich (1986): Sanctorum Communio. Eine dogmatische Untersuchung zur Soziologie der Kirche (Dietrich Bonhoeffer Werke 1), München.

Dingel, Irene (Hrsg.) (2014): Die Bekenntnisschriften der Evangelisch-Lutherischen Kirche. Vollständige Neuedition, Göttingen.

Engelhardt, Klaus / Loewenich, Hermann von / Steinacker, Peter (Hrsg.) (1997): Fremde Heimat Kirche. Die dritte EKD-Erhebung über Kirchenmitgliedschaft, Gütersloh.

Hofius, Otfried (1970): Katapausis. Die Vorstellung vom endzeitlichen Ruheort im Hebräerbrief (WUNT 11), Tübingen.

Käsemann, Ernst (1937): Das wandernde Gottesvolk. Eine Untersuchung zum Hebräerbrief (FRLANT 55), Göttingen.

Leuenberger Kirchengemeinschaft (1994): Die Kirche Jesu Christi. Der reformatorische Beitrag zum ökumenischen Dialog über die kirchliche Einheit. Beratungsergebnis der 4. Vollversammlung der Leuenberger Kirchengemeinschaft, Wien-Lainz.

Luther, Martin (1883): Schriften 1512/18 (D. Martin Luthers Werke. Weimarer Ausgabe 1), Weimar/Böhlau.

Luther, Martin (1897): Schriften 1520/21 (D. Martin Luthers Werke. Weimarer Ausgabe 7), Weimar/Böhlau.

Luther, Martin (2013): Schmalkaldische Artikel, in: Unser Glaube. Die Bekenntnisschriften der evangelisch-lutherischen Kirche. Ausgabe für die Gemeinde, hrsg. von der VELKD, Gütersloh, Seiten 391–428.

Melanchthon, Philipp (2013): Die Augsburger Konfession, in: Unser Glaube. Die Bekenntnisschriften der evangelisch-lutherischen Kirche. Ausgabe für die Gemeinde, hrsg. von der VELKD, Gütersloh, Seiten 41–98.

Ringleben, Joachim (2010): Gott im Wort. Luthers Theologie von der Sprache her, Tübingen.

Tobias Holischka

Örtlichkeit und Imagination – was ist virtuelle Realität?[1]

1. Einleitung

Hinsichtlich der mittlerweile allgegenwärtigen computergenerierten Virtualität herrscht eine weit verbreitete ontologische Unsicherheit: In unseren Computern und Smartphones spielt sich etwas ab, mit dem wir im Alltag zwar ständig konfrontiert sind, aber von dem wir nicht genau sagen können, was es eigentlich ist. Und diese Frage nach dem Was ist eine Frage nach dem Sein: Ist das, was wir in unseren Geräten sehen, wirklich oder ist es nur eine Imagination oder eine Projektion? Welchen Seinsmodus hat eigentlich die Virtualität?

An diese Frage schließt noch eine zweite Thematik an. Wir beschreiben die computergenerierte Virtualität mit örtlicher Terminologie: Wir loggen uns ein und aus (»Bin ich schon drin?«[2]), wir surfen von Website zu Website[3], öffnen und schließen, laden rauf und runter, kurz: wir begreifen das, was im Computer passiert, als etwas Verortetes. Den Bildschirm erfahren wir als eine Art Fenster, durch das wir in virtuelle Räume blicken können. Noch deutlicher wird das in Computerspielen, die auch optisch eine Räumlichkeit vermitteln. Hier stellt sich wieder die Frage: Sind diese virtuellen Räume denn wirklich oder fiktiv?

---

[1] Der vorliegende Beitrag basiert in Teilen auf dem Vortrag »Der virtuelle Ort« im Rahmen des Workshops »Öffentlichkeit, Privatheit und Pluralität im digitalen Zeitalter« an der TU Darmstadt vom 5. Juni 2018 sowie auf den Veröffentlichungen Holischka 2016, 2018, 2020 und 2021. Siehe dazu auch Barta-Smith/Hathaway 2000.
[2] Vgl. dazu den Werbespot von AOL mit Boris Becker aus dem Jahr 1999.
[3] »Website« wird in der Regel unzutreffend mit »Webseite« übersetzt, eigentlich müsste es korrekterweise »Netz-Stätte« heißen.

Um diesen Fragen systematisch zu begegnen, besprechen wir zunächst die computergenerierte Virtualität und ihre Verbindung zu Wirklichkeit, Imagination und Fiktion. Danach kommen wir über die Ortsphänomenologie zur virtuellen Örtlichkeit.

2. Virtualität als problematischer Begriff

Der Begriff »Virtualität« stammt ursprünglich vom lateinischen *virtus*, das mit *Tüchtigkeit* oder *Kraft* übersetzt werden kann. In der lateinischen Bibelübersetzung wird der Begriff *dynamis* regelmäßig mit *virtus* übersetzt, und zwar anstelle von *potentia*. Damit zeigt sich bereits in der mittelalterlichen Scholastik eine inhaltliche Verknüpfung der Virtualität mit der Potenzialität, wie sie bereits Aristoteles konzipiert hatte. Sie ist also so etwas wie eine veranlagte Möglichkeit, die der Kraft nach in die Wirklichkeit wirkt. Wenn die Wirklichkeit als Summe der erfahrbaren Wirkungen gefasst wird, dann kann in diesem Sinne die Virtualität als ein Teil der Wirklichkeit gelten, wenn auch nur als Potenz, nicht als Akt.

Das zeigt sich dann auch in den Diskussionen der mittelalterlichen Theologie, wenn es um die Präsenz Christi in der Eucharistie geht: Wenn irgendwo auf der Welt mehrere Heilige Messen gleichzeitig stattfinden – wie kann der Leib Christi dann an mehreren Orten gleichzeitig sein? Die Lösung: *modo naturali* ist Christus nur an einem Ort, *modo virtuali* aber ist er der Kraft nach an mehreren Orten gleichzeitig präsent.[4]

Ein weiterer Ansatz zur Bestimmung von Virtualität findet sich in der Optik des 16. und 17. Jahrhunderts. Dort unterscheidet man das *reelle* vom *virtuellen* Bild. Während das reelle Bild selbst Licht abstrahlt, wie etwa ein Gemälde oder eine Projektion, verhält sich das virtuelle Bild gegenteilig. Es strahlt selbst kein Licht aus, sondern reflektiert es nur, wie etwa das Spiegelbild. Das Spiegelbild »spiegelt uns vor«, dass das gesehene Objekt hinter dem Spiegel sei, obwohl es dort nicht ist. Das Wesen des virtuellen Bildes ist täuschend, es fordert von uns eine nachträgliche Korrektur unseres

---

[4] Vgl. Roth 2000. Zur Begriffsgeschichte der Virtualität siehe auch Noller 2022, 26-44.

visuellen Eindrucks. Beim Spiegel können wir unseren Augen nicht trauen.

Wir haben nun mit den Ansätzen aus der Scholastik und der Optik zwei Konzepte vor uns, die nicht recht zu passen scheinen auf die Phänomene, die wir bei der Benutzung von Computern erfahren. Oder besser gesagt: Sie helfen uns nur wenig bei der Erklärung dieser Phänomene. Virtuelle Objekte wie etwa E-Mails oder Websites sind in ihrem Seinsmodus offenbar keine Sonderform der aristotelischen Potenzialität. Und sie sind auch nicht lediglich Spiegelungen oder Verzerrungen von materiellen Dingen. E-Mails sind elektronisch übermittelte Nachrichten, die uns im Medium Computer in einer eigentümlichen Weise präsentiert werden. Es mag ja zutreffen, dass die bunten Welten der Computerspiele wie verzerrte Spiegelungen unserer Wirklichkeit aussehen. Aber dieser erste Eindruck ersetzt keine grundlegende Analyse, und er ist sicher keine umfassende Charakterisierung *aller* Inhalte unserer neuen Medien. Wir können sehr wohl unterscheiden, wann wir es mit fiktiven Elementen zu tun haben und wann es sich um die Wirklichkeit handelt. Denken wir nur an das Online-Banking.

Ein Problem entsteht tatsächlich erst, wenn wir versuchen, den *Begriff* »Virtualität« auf diese Phänomene anzuwenden. Insbesondere die Geisteswissenschaften arbeiten mit Begriffen und Konzepten. Wenn sie mit neuen Fragen konfrontiert werden, dann werfen sie zuerst einen Blick in die Tradition, um zu sehen, ob diese Fragen vielleicht schon einmal ausführlich diskutiert wurden – man muss das Rad ja schließlich nicht jedes Mal neu erfinden. Und ja, zur Virtualität wurde in den letzten Jahrhunderten einiges zu Papier gebracht. Davon ausgehend kann man das Wesen der Virtualität in der reinen Theorie ganz vortrefflich diskutieren.

Aber der Blick in die Philosophiegeschichte hilft nicht weiter, wenn der zu klärende Begriff nicht zum Gegenstand passt. Ob es ausgehend von den Ansätzen der Scholastik und der Optik überhaupt eine fassbare inhaltliche Verbindung zur computergenerierten »Virtualität« gibt, wie wir sie nennen, das steht auf einem ganz anderen Blatt. Es lassen sich sicherlich Parallelen aufzeigen. Aber das alte Verständnis von Virtualität ohne substanzielle, am Gegenstand orientierte Prüfung auf aktuelle technische Phänomene zu übertragen, das schadet eher, als es erklärt, denn es positioniert einen Teil unserer lebensweltlichen Wirklichkeit in eine Gegenposition zu dem, was wir für wirklich halten. Für Philosophen ist der *Begriff* »Virtualität« eine Nebelkerze, die das eigentliche Phänomen verschleiert und uns in den luftleeren Raum metaphysischer Begriffsdebatten führt, in dem es, mit Kant gesprochen,[5] keinen Widerhalt gibt.

Dennoch plädiere ich vor dem Hintergrund des aktuellen Forschungsstandes dafür, den *Begriff* »Virtualität« weiterhin zu verwenden, einfach weil er de facto ohnehin schon gebräuchlich ist und weil es keine hinreichende Alternative gibt. Diese Auffassung teilt auch das »Handbuch Virtualität«:

> »Virtualität hat im 21. Jahrhundert eine Normalisierung in zahlreichen gesellschaftlichen Bereichen erfahren. War das Virtuelle noch bis zum Ende des 20. Jahrhunderts von euphorischen bis apokalyptischen Reaktionen um den Menschen im Cyberspace begleitet, hat es inzwischen Eingang in zahlreiche standardisierte Praktiken gefunden. [...] [E]ine Dichotomie von real und virtuell [ist] heute nicht mehr aufrechtzuerhalten [...] Virtualität ist wie das, was wir Natur nennen oder was lange Zeit so genannt wurde, Teil unserer Lebenswelt – und das in der Fülle aller möglichen Bezüge.«[6]

Eine bessere inhaltliche Bestimmung sollte unabhängig von den tradierten Konzepten und funktional erfolgen, daher mein Vorschlag:

> »Virtualität bezeichnet allgemein den Seinsmodus von Objekten, die von Computern generiert und manipuliert werden und die mit den Mitteln von Computergrafik auf Bildschirmen dargestellt werden können. Diese Objekte und ihre Umgebungen sind Teil unserer Lebenswelt und gehören damit zur Wirklichkeit.«

Der Begriff *Virtual Reality* wiederum ist im Gegensatz dazu ein Schlagwort, das bestimmte Technologien beschreibt, die auf speziellen VR-Brillen beruhen. Durch Head-Tracking, also die Steuerung des Sichtfelds durch Kopfbewegungen, und aufgrund der Einschränkung des Sichtfeldes durch die geschlossene Brille

---

[5] Vgl. Kant 1956, B 8f.
[6] Kasprowicz/Rieger 2020, 1f. Siehe dazu auch Chalmers 2022.

wirkt diese Form der Darstellung besonders immersiv. Es handelt sich dabei jedoch nicht um eine weitere oder besondere Form der Wirklichkeit, sondern einfach um die Benennung einer bestimmten Technologie, die vermarktet werden soll. Auch hier sollten wir uns durch die Begrifflichkeit nicht in die Irre führen lassen.

3. Imagination und Fiktion

Bei unserer kurzen Besprechung des Wirklichkeitscharakters der Virtualität haben wir den potenziellen Anteil fiktiver Elemente zunächst ausgeblendet. Eine E-Mail ist unbestritten wirklich, aber wie steht es denn um die fantastischen Welten der Computerspiele?

Grundsätzlich fungiert der Computer hier wie ein konventionelles fiktionales Medium, das sich analog wie andere fiktionale Medien beschreiben lässt: Denken wir etwa an den Roman. Der Roman präsentiert uns eine fiktive Welt, die sich aber in weiten Teilen an unserer Lebenswelt orientiert. Arthur Conan Doyle richtet das fiktive London seines Sherlock Holmes am historischen London aus, platziert darin aber fiktive Elemente. Der Rückbezug zur historischen Wirklichkeit ist wichtig, damit die Leserinnen und Leser ihr Vorwissen einbringen können, ohne dass der Autor dazu viel erklären müsste. Er kann sich stattdessen der Beschreibung der kontrafaktischen, fiktiven Elemente widmen.[7]

Ebendieser Rückbezug findet sich ganz analog auch bei Computerspielen. Hinzu kommt aber, dass sich die Spielenden in der Spielwelt relativ frei bewegen und aus der geführten Erfahrung, wie sie der Roman vorzeichnet, ausbrechen können. Eine Szene in einem Spiel muss daher bezüglich ihrer Einzelheiten viel reichhaltiger beschrieben werden als ein Roman, der ja nicht jedes Detail wie

---

[7] »Also müssen wir zugeben, daß wir selbst bei der unmöglichsten aller Welten, um von ihr beeindruckt, verwirrt, verstört oder berührt zu sein, auf unsere Kenntnis der wirklichen Welt bauen müssen. Mit anderen Worten, auch die unmöglichste Welt muß, um eine solche zu sein, als Hintergrund immer das haben, was in der wirklichen Welt möglich ist.« Eco 1994, 112.

die Farbnuancen einzelner Dachziegel explizieren kann und möchte. Dafür setzt der Roman auf die Imagination der Lesenden: Sie stellen sich die Szene im gewünschten Detailgrad vor, auch mit einer passenden Farbe für die Dachziegel.

Das Computerspiel nimmt uns viel von dieser Imaginationsleistung ab, indem es die Szenen stattdessen umfassend visualisiert, um keine Lücken in der Darstellung entstehen zu lassen. Schon die in diesem Sinne vergleichbaren Medien Kino und Fernsehen wurden dafür kritisiert, dass sie die Imagination vor allem der Kinder dadurch vergleichsweise wenig fordern. Dennoch wird den Spielenden eine Imaginationsleitung abverlangt, da es eben auch eine grafisch dargestellte Situation verlangt, sich in sie hineinzuversetzen, um die Spielwelt verstehen und das Spiel spielen zu können. In diesem Sinne kommt auch das Computerspiel nicht ganz ohne Imagination aus.

Letztlich reihen sich auch Computerspiele ein in die Riege der Medien. Als Medien sind sie wirklich, auch wenn sie fiktive Elemente beinhalten können. Gelegentlich begegnet man noch der Befürchtung, die realitätsnahe Darstellung könnte dazu führen, dass man nicht mehr zwischen Spiel und Wirklichkeit unterscheiden könne. Dagegen lässt sich nur einwenden, dass alles, was für uns Menschen ernsthaft von Bedeutung ist, ganz klar nicht in der Spielwelt zu finden ist. Und spätestens, wenn sich die menschliche Biologie mit ihren Bedürfnissen meldet, dann wissen wir genau, wohin wir gehören. Nicht die Verwechslung von Spiel und Wirklichkeit ist das eigentliche Problem, sondern beispielsweise Abhängigkeiten wie die Spielsucht oder mangelnde Medienkompetenz bei Kindern wie bei Erwachsenen.[8]

---

[8] Vgl. Malpas 2009. Zur sogenannten Killerspiel-Debatte siehe Przybylski/Weinstein 2019.

4. Ortsphänomenologische Grundlagen

Der zweite Teil dieses Beitrags führt die geneigten Leser zurück zur Örtlichkeit, der inhaltlichen Klammer dieses Buchs. Dazu werden zunächst die Ansätze der Ortsphänomenologie skizziert, um daraus zu den virtuellen Orten überzuleiten als einem Schlüssel für das Verständnis von Virtualität.

4.1 Die Geschichte des Orts

Der Ort wurde innerhalb der philosophischen Tradition bereits früh problematisiert, dennoch für lange Zeit kaum beachtet.[9] Das liegt nicht zuletzt an der grundlegenden Unterscheidung zwischen Raum und Ort. Für beide Konzepte gibt es in der Philosophiegeschichte konkurrierende Auffassungen. Der Raum wird meist quantitativ bzw. geometrisch beschrieben, insofern er ganz abstrakt das Nebeneinander aller Gegenstände ermöglicht. Der Ort dagegen bildet sein qualitatives, intersubjektives Gegenstück in der menschlichen Lebenswelt.

Bereits bei Platon und Aristoteles liegen dazu unterschiedliche Standpunkte vor, doch insbesondere der Siegeszug der naturwissenschaftlichen Methode in der Neuzeit prägt ein maßgeblich von Newton und Leibniz inspiriertes Raumkonzept, das den Raum als leeren, homogenen und isotropen (also richtungsunabhängigen) Behälter versteht und den Ort weitgehend in den Hintergrund drängt. Erst zu Beginn des 20. Jahrhunderts gewinnt der Ort im Rahmen der Phänomenologie und ihrer Wissenschaftskritik wieder an Bedeutung. Neben Edmund Husserl und Kitarō Nishida als wichtigen Ideengebern gilt dabei besonders Martin Heideggers Vortrag »Bauen Wohnen Denken« als Schlüsseltext. Er schreibt: »Demnach empfangen die Räume ihr Wesen aus Orten und nicht aus ›dem‹ Raum«.[10] Es ist der Ort, der Gegenstände »versammelt«

---

[9] Vgl. dazu Casey 1997.
[10] Heidegger 2000, 156. Heidegger denkt und überdenkt das Verhältnis von Raum und Ort im Rahmen seines Lebenswerks in vielfältiger Weise, siehe dazu Casey 1997, 243-284, sowie Maas 2011, 57-65.

und in dem Menschen leben, während es sich beim Raum um eine nachträgliche Abstraktion handelt. In den 1990er Jahren wird der Raum mit Foucault und Deleuze im Zuge des Spatial Turn für die Kultur- und Sozialwissenschaften fruchtbar und löst die seit der Moderne dominierende *Zeit* als zentrale Untersuchungskategorie ab. Im Zuge dessen gelangen auch ortsphänomenologische Ansätze in andere Disziplinen. Der Unterschied zwischen Raum und Ort lässt sich in einem Bild gut beschreiben: Ein Haus etwa entsteht zwar zunächst mit Hilfe geometrischer und statischer Berechnung in einem abstrakten Raum – aber darin kann niemand wohnen. Menschen leben an Orten, nur Orte können ein Zuhause sein. Ein Zuhause zeichnet sich etwa durch Privatheit aus, durch Geborgenheit und eine individuelle Geschichte, nicht nur durch eine Menge an Quadratmetern. Selbstverständlich hat jedes Haus eine präzise Wohnfläche, doch ein Haus als Zuhause ausschließlich damit beschreiben zu wollen, ist der Versuch einer nachtäglichen Reduktion, die das Wesen des Hauses als ein Zuhause verkennt.

4.2 Sinn und Bedeutung

Doch warum ist die Unterscheidung zwischen Raum und Ort so relevant? Sie steht in der Tradition der Phänomenologie, die den Vorrang des lebensweltlichen Bezugs zur Welt vor dem naturwissenschaftlichen Zugang propagiert.[11] Demnach vermitteln uns die Naturwissenschaften zwar eine äußerst wertvolle und tiefgreifende *Beschreibung* der Zusammenhänge der Natur, aber aufgrund ihrer Methodik *erklären* sie die Welt nicht, sie stellen keine Sinnzusammenhänge und Bedeutungen her. Plakativ formuliert, was die Begriffe »Mutter« oder »Vater« für uns *bedeuten*, erklärt sich *nicht nur* im Rahmen von Genetik und Reproduktionsmedizin, sondern weit darüber hinaus in lebensweltlicher und zutiefst menschlicher Erfahrung. Ins Religiöse transponiert referieren die Worte „Gott Vater" oder „Mutter Maria" (fast) vollständig auf die zweite, lebensweltliche Bedeutung. Denn trotz seiner Menschwerdung sind etwa die genetischen Merkmale, die Jesus von Nazareth von seiner

---

[11] Siehe dazu Merlau-Ponty 1966, 3-18, sowie Husserl 1962.

menschlichen Mutter geerbt haben mag, für den Glauben irrelevant.

»In ihrer Suche nach absolut exakter Erkenntnis hat die Wissenschaft aus ihrer radikalen Überschreitung der leiblichen, sinnlichen und praktischen Erfahrung eine Tugend gemacht und dabei übersehen, dass sie selbst von dieser Erfahrung überhaupt erst ermöglicht wird. Wenn ein wissenschaftliches Experiment geplant und durchgeführt wird, die Messinstrumente abgelesen und die Resultate gedeutet, verglichen und mit anderen Wissenschaftlern diskutiert werden, sieht man sich unablässig auf die gemeinsame Lebenswelt verwiesen. Obgleich wissenschaftliche Theorien in ihrer Präzision und Abstraktion die konkret-anschauliche Lebenswelt transzendieren, bleibt diese doch ihre Sinngrundlage und der Ausgangspunkt, zu dem sie ständig zurückschwingen [...].«[12]

Die Phänomenologie stellt die Leistungen der Naturwissenschaften keinesfalls in Abrede, sie möchte lediglich darauf verweisen, dass es neben den naturwissenschaftlichen Beschreibungen der Welt Sinnzusammenhänge gibt, die an anderer Stelle gefunden und diskutiert werden, z.B. im Rahmen der Philosophie oder der Theologie. Ein Alleingeltungsanspruch der Naturwissenschaften bezüglich der Deutung der Welt führt zu einem Sinnverlust für uns Menschen. In diesem Sinne schickt sich die Phänomenologie an, eine Brücke zwischen beiden Sphären zu bauen.

Ein Defizit an Bedeutung kann sich zeigen, wenn wir die Stellung der Erde im Kosmos in den Blick nehmen. Die Astrophysik[13] beschreibt die Erde als einen Planeten, der in seinem Sonnensystem rotiert, welches sich wiederum innerhalb der Milchstraße bewegt. Aufgrund der hohen Geschwindigkeiten, der begrenzten Reichweite menschlicher Teleskope, der stetigen Expansion des Raumes und der damit einhergehenden Unbestimmbarkeit eines objektiven Zentrums des Universums, an dem sich eine objektive Positionierung orientieren ließe, bleibt auch die Position der Erde (zumindest vorerst) unbestimmt. Doch was *bedeutet* dieses Faktum nun für uns Menschen?

---

[12] Zahavi 2007, 31. Vgl. Husserl 1962, 142.
[13] Vgl. dazu den Beitrag von Alfred Krabbe in diesem Band.

Der Phänomenologe Edmund Husserl beschreibt diese Unsicherheit in seinem Aufsatz »Kopernikanische Umwendung der Kopernikanischen Umwendung« von 1934. Darin stellt er fest, dass wir die Begriffe *Bewegung* und *Ruhe* erst in einer Relation zu einem »absoluten Bodenkörper« verstehen können. Wenn wir die Erde selbst aber als einen bewegten Körper begreifen, wie konnten wir dann überhaupt zuvor verstanden haben, was Bewegung ist? Es geht ihm nicht einfach um ein relatives Bezugsniveau, sondern darum, dass wir den Sinn von Bewegung erst in Abgrenzung zu absoluter Ruhe verstehen und erfahren können. In *diesem* Sinne, so Husserl, bewegt sich die Erde nicht. Wie passt das nun mit den Erkenntnissen nicht zuletzt von Galileo Galilei zusammen?

Es ist einerseits ganz richtig, dass sich die Erde bewegt, und andererseits ist es ebenso richtig, dass die Erde für uns Menschen der Inbegriff von Unbewegtheit und Ruhe ist. Es handelt sich um zwei ungleiche Hinsichten auf die Welt, die hier konkurrieren, nämlich die objektiv-naturwissenschaftliche und die subjektiv-phänomenale. Es ist nicht weiter schlimm, dass dabei unterschiedliche Beschreibungen entstehen. Wichtig ist, dass beide im Rahmen ihrer jeweiligen epistemologischen Ausrichtungen ihre Geltung behalten und dass wir uns stets vergegenwärtigen, dass beide Ansätze von sehr unterschiedlichen Grundlagen und Methoden ausgehen, die erst dann zu Widersprüchen führen, wenn die eine versucht, sich die andere einzuverleiben.[14]

Kehren wir wieder zurück zur Örtlichkeit. Es geht der Ortsphänomenologie also um die Beschreibung eines Zugangs zur Wirklichkeit neben dem naturwissenschaftlichen Ansatz, und dieser Zugang ist zuallererst lebensweltlich. Eine nachträgliche vermessende, quantifizierende Beschreibung ist natürlich möglich, aber sie ist erstens nachrangig und zweitens reduktiv, indem sie ja eben nur den Teilaspekt des Quantifizierbaren erfasst. In diesem Sinne

---

[14] Solche interdisziplinäre Übergriffigkeiten erleben wir in der einen Richtung, wenn naturwissenschaftliche Erkenntnisse mit dem Verweis auf subjektive Befindlichkeiten zurückgewiesen werden, aber auch in anderer Richtung, wenn Erklärungen der hermeneutischen Wissenschaften als falsch bezeichnet werden, weil sie nicht der empirischen Methode folgen.

möchte die Ortsphänomenologie ganz umfassend die Orte beschreiben, an denen wir uns befinden, und mögliche reduzierende Perspektiven zunächst einmal ausklammern.

5. Cyberspace und CyberPlace

Die computergenerierte Virtualität scheint zunächst ohne Orte auszukommen. Daten werden auf Datenträgern gespeichert, die so komplex organisiert sind, dass sich nicht genau ausmachen lässt, wo genau sich die Daten darin befinden. Cloud-Speicher und Streaming-Dienste übernehmen die Speicherung der Daten komplett. Und um darauf zugreifen zu können, wird durch mobiles Internet sogar der eigene Aufenthaltsort irrelevant, sofern man dort mit dem Internet verbunden ist.

Wenngleich sich der Ort der Daten in einer diffusen Cloud aufzulösen scheint, so nimmt ihre Speicherung doch zunehmend Raum ein. Neben den unterschiedlichen Speichermedien, die wir heute (noch?) verwenden, sind es vor allem die gigantischen Rechenzentren, die als automatisierte, technische Nicht-Orte[15] eine eigene Kategorie bilden. Ihr Zweck ist nicht das Versammeln von Menschen oder Gegenständen, sondern von Daten. Sie bilden das Substrat der Virtualität.

Inhaltlich ist die Virtualität voll von topologischer Begrifflichkeit, wie eingangs bereits erwähnt: Wir loggen uns ein und aus, laden hinauf und herunter, surfen auf »Netz-Stätten«, schauen durch Fenster und betreten die beeindruckenden Umgebungen der Computerspiele und dreidimensionalen Simulationen. William Gibson fasst all das am Beginn der 1980er Jahre in seinem Konzept des *Cyberspace* als einem technischen Datenraum, in dem verschiedene virtuelle Entitäten konstruiert und grafisch dargestellt werden können.[16]

Cyberspace beschreibt die Perspektive der Entwickler und Programmierer, er dient ihnen als künstliche Matrix zur Erzeugung

---

[15] Vgl. Augé 1994.
[16] Vgl. Gibson 1984.

von Benutzeroberflächen, Webseiten und dreidimensionalen Konstrukten. Ganz so wie ein Architekt, der ein Haus auf dem Reißbrett entwirft. Oder wie wir es aus der Position von Planeten in der Astrophysik kennen. Das weist klare Parallelen zum neuzeitlichen Raumkonzept im Sinne eines abstrakten, homogenen, isotropen und unendlichen Behälters auf. Daran ist nichts auszusetzen, solange dieser technische Blickwinkel nicht als alleiniger verabsolutiert wird.

Die Vorstellung eines abstrakten Datenraumes entspricht jedoch nicht dem Erleben der Nutzerinnen und Nutzer. Ihr Anliegen beim Umgang mit Virtualität ist nicht die Konstruktion von virtuellen Umgebungen, sondern vielmehr deren praktische Nutzung, für die die Art und Weise der Erzeugung letztlich unerheblich ist. Jenseits des technischen Hintergrundes stellen sich virtuelle Umgebungen als etwas dar, das subjektiv und auch intersubjektiv erlebt wird. Um diese Phänomene zu beschreiben, ist das Konzept des Raumes als Abstraktion ungeeignet.

An dieser Stelle setzt die Ortsphänomenologie an und systematisiert den Primat des Ortes gegenüber dem Raum. Sie betont die phänomenale Perspektive und erklärt den erlebten virtuellen Ort als *CyberPlace*. So macht es einen Unterschied, *welches* Fenster sich öffnet oder *auf welchem Weg* eine Internetseite erreicht wird; Online-Banking und soziale Netze, Computerspiele und Simulationen werden als völlig unterschiedliche *Phänomene* wahrgenommen. Menschen beleben virtuelle Orte durch ihre Interaktionen; sie leben in ihnen, wie sie auch an anderen materiellen Orten leben. Das »globale Dorf« als Metapher für die Internetgemeinschaft befindet nicht in einem abstrakten Behälter, sondern an belebten und miteinander verbundenen virtuellen Orten.

6. CyberPlaces als Orte der menschlichen Lebenswelt

Virtualität wird gewöhnlich als technisches Konstrukt verstanden und als solches vornehmlich mit exakten Einheiten beschrieben wie etwa Geschwindigkeit, Ausdehnung, Auflösung, Reichweite und Nutzerzahlen sowie weiteren technischen Kennzahlen. Eben dieses Verständnis verdeckt den Blick auf das Wesen des Virtuellen. Virtuelle Orte dagegen beschreiben einen Teil der menschlichen Lebenswelt. So ist beispielsweise ein Schreibprogramm ein virtueller Ort, an dem nicht nur Akademiker einen nicht unwesentlichen Teil ihrer Lebenszeit verbringen. Das Schreibprogramm ist im vollen Sinn wirklich, wenngleich es technisch erzeugt wurde. Es ist keine bloße Nachahmung einer materiellen Vorlage, etwa eines Schreibtisches, sondern vielmehr dessen Erweiterung und Aktualisierung. Solche Orte des Erlebens sind inhaltlich ausgestaltet, sie sind Referenzpunkte menschlicher Sinnstiftung. Insofern können sie beschrieben werden als inhomogen, richtungsabhängig und endlich.

Durch die Vernetzung virtueller Orte entsteht eine zusätzliche Dynamik, denn dadurch versammeln sie nicht nur virtuelle Objekte in sich, sondern auch Menschen. Insbesondere Computerspiele bringen Menschen zusammen, die zwar räumlich getrennt voneinander auf Bildschirme blicken, doch sind sie sich in der Interaktion nahe. Sie beleben die virtuellen Orte, die kein Ersatz sind für körperliche Nähe, jedoch eine neue und andere Form des Zusammenkommens. Sie bilden die Grundlage einer gemeinsamen, geteilten Erfahrung, die sich nicht nur auf die Spielumgebung bezieht, sondern auch auf die Wirkungen der eigenen Handlungen sowie auf die der anderen Mitspieler.

Computerspiele bergen noch einen weiteren, irreführenden Gesichtspunkt in sich, insofern ihre fiktiven Inhalte mit unserem Wirklichkeitsverständnis kokettieren. Sie bemühen sich um eine glaubhafte visuelle Darstellung und verneinen gleichzeitig die Wirklichkeit dieser Darstellungen.[17] Die Spielelemente haben denselben fiktiven Charakter wie ihre analogen Vorbilder, etwa die Türme beim Schach oder die Hotels bei Monopoly. Dennoch gilt es nicht außer Acht zu lassen, dass das Spiel selbst wirklich ist. Wer bei Monopoly viele Hotels besitzt, der besitzt zwar außerhalb des Spiels nicht notwendig ebenfalls Hotels. Aber wenn er dadurch die

---

[17] Das Verhältnis von Spiel und Wirklichkeit wurde und wird kontrovers diskutiert, auch über disziplinäre Grenzen hinweg. Vgl. dazu Aarseth 2004.

Partie gewinnt, dann ist er außerhalb des Spiels der wirkliche Gewinner. Die Besonderheit von virtuellen Umgebungen liegt darin, dass sie als Orte nicht körperlich zugänglich sind, obgleich wir uns dennoch darin gemeinsam aufhalten. Sie sind ausschließlich durch technische Apparate zugänglich. Als Vermittler bzw. Medium tritt der Computer jedoch in den Hintergrund. Er wird in phänomenologischer Perspektive zu einem Teil des Leibes, mit dem wir die virtuelle Welt wahrnehmen und aktiv erkunden. Dies lehnt sich an Merleau-Ponty an, der den Stock des Blinden als Teil von dessen Leib begreift, weil der Blinde durch den Stock die Welt wahrnimmt.[18] Der phänomenologische Leib ist natürlich etwas anderes als der biologische Körper, der viel enger, nämlich rein materiell gefasst wird. Der Leib dagegen ermöglicht uns die umfassende Wahrnehmung der Welt, und, mit Bergson gesprochen, auf diese Weise und in dieser Hinsicht erstreckt sich der Leib bis zu den Sternen, wenn wir durch ein Teleskop blicken.[19] In diesem phänomenologischen Sinne wird die Technik zu einem Teil des Leibes, weil wir damit die virtuelle Welt zugänglich machen und uns an virtuelle Orte begeben können. Virtualität schließt eine körperliche Präsenz aus, aber nicht eine leibliche. Das komplexe Verhältnis von Leiblichkeit und Virtualität gilt es jedoch an anderer Stelle in gebührender Ausführlichkeit zu beleuchten.

7. Fazit und Ausblick

Eine umfassende philosophische Analyse der Phänomene im Umfeld der Virtualität steht auch angesichts der rasanten technischen Entwicklung noch ganz am Anfang. Wir gewinnen ein besseres Verständnis von Virtualität, wenn wir uns vergegenwärtigen, dass es sich dabei nicht nur um technische Konstruktionen handelt. Das trifft zwar zu, greift aber zu kurz. Virtuelle Umgebungen sind eben auch Orte, an denen sich Menschen aufhalten, sich darin begegnen und handeln. In den Jahren der Pandemie haben wir erlebt, was es

---

[18] Vgl. Merleau-Ponty 1966, 172-175.
[19] Vgl. Bergson 1933, 256.

bedeutet, sich in einer virtuellen Konferenz zu treffen. Das war nicht einfach nur eine technische Vernetzung, sondern es war eine Form des Zusammenkommens. Das ersetzt nicht die körperliche Begegnung, sondern es ist eine eigene, neue Form der Begegnung.

»Statt Formen der Isolation zu befördern, gehen virtuelle Realitäten mit einer Fülle neuer und veränderter Interaktionsmöglichkeiten und Sozialformen einher. Das Virtuelle wird auf diese Weise nicht nur zu einem Resonanzraum sozialer Phänomene, es wird zum Ort der Konstruktion und der Aushandlung neuer Sozialitäten und Umgangsformen sowohl von menschlichen als auch von nichtmenschlichen Akteur*innen.«[20]

Mit diesem Verständnis ändert sich nicht nur unser Verhältnis zu virtuellen Orten, wir können sie vor diesem Hintergrund auch proaktiv gestalten und in unsere Lebenswelt integrieren. Das ist die Chance, die uns diese Technologie bietet.

Literatur

Aarseth, Espen (2004): Genre Trouble, in: Electronic Book Review, 21. Mai 2004.
Augé, Marc (1994): Orte und Nicht-Orte. Vorüberlegungen zu einer Ethnologie der Einsamkeit, Frankfurt am Main.
Barta-Smith, Nancy A./Hathaway, James T. (2000): Making Cyberspaces into Cyberplaces, Journal of Geography 99: 253-265.
Bergson, Henri (1933): Die beiden Quellen der Moral und der Religion. Übers. v. Eugen Lerch, Jena.
Casey, Edward S. (1997): The Fate of Place. A Philosophical History, Berkeley, Los Angeles, London.
Chalmers, David (2022): Reality+. Virtual Worlds and the Problems of Philosophy, New York.
Eco, Umberto (1994): Im Wald der Fiktionen. Sechs Streifzüge durch die Literatur. Harvard-Vorlesungen (Norton Lectures 1992-93). Übers. von B. Kroeber, München, Wien.
Gibson, William (1984): Neuromancer, New York.

---

[20] Kasprowicz/Rieger 2020, 9.

Heidegger, Martin (2000): Bauen Wohnen Denken, in: Ders.: Gesamtausgabe. I. Abteilung: Veröffentlichte Schriften 1910-1976. Band 7 Vorträge und Aufsätze, Frankfurt am Main: 146-164.

Holischka, Tobias (2016): CyberPlaces. Philosophische Annäherungen an den virtuellen Ort, Bielefeld.

Holischka, Tobias (2018): Virtualität und Macht, in: Andreas Brenneis/Oliver Honer/Sina Keesser u.a. (Hrsg.): Technik – Macht – Raum. Das Topologische Manifest im Kontext interdisziplinärer Studien, Wiesbaden, 81-90.

Holischka, Tobias (2020): Im Neuland nichts Neues. Unterwegs in virtuellen Welten, agora42 01/2020, 18–22.

Holischka, Tobias (2021): Stichwort CyberPlaces, Information Philosophie 4/2021, 20-23.

Husserl, Edmund (1934): Kopernikanische Umwendung der Kopernikanischen Umwendung, in: Jörg Dünne/Stephan Günzel (Hrsg.): Raumtheorie. Grundlagentexte aus Philosophie und Kulturwissenschaften, Frankfurt am Main, 153-165. Erscheint in: Späte Texte zur Raumkonstitution (D-Manuskripte). Husserliana, hrsg. von Dieter Lohmar, Den Haag.

Husserl, Edmund (1962): Die Krisis der europäischen Wissenschaften und die transzendentale Phänomenologie. Husserliana VI, Den Haag.

Kant, Immanuel (1956): Kritik der reinen Vernunft, Hamburg.

Kasprowicz, Stefan/Rieger, Stefan (2020): Handbuch Virtualität, Wiesbaden.

Maas, Renate (2011): Diaphan und gedichtet. Der künstlerische Raum bei Martin Heidegger und Hans Jantzen, Kassel.

Malpas, Jeffry (2009): On the Non-Autonomy of the Virtual. Convergence 15/2009, 135-139.

Merleau-Ponty, Maurice (1966): Phänomenologie der Wahrnehmung. Übers. und eingeführt von Rudolf Boehm, Berlin.

Noller, Jörg (2022): Digitalität. Zur Philosophie der digitalen Lebenswelt, Basel.

Przybylski, Andrew K./ Weinstein, Netta (2019): Violent video game engagement is not associated with adolescents' aggressive behaviour: evidence from a registered report, R. Soc. open sci. 6: 171474.

Roth, Peter (2000): Virtualis als Sprachschöpfung mittelalterlicher Theologen, in: Peter Roth, Stefan Schreiber, Stefan Siemons (Hrsg.): Die Anwesenheit des Abwesenden, Augsburg, 33-42.

Zahavi, Dan (2007): Phänomenologie für Einsteiger, Paderborn.

Autoren- und Herausgeberverzeichnis

Prof. Dr. Johann Hinrich Claussen (Jg. 1964)
Kulturbeauftragter des Rates der Evangelischen Kirche in Deutschland und Honorarprofessor an der Theologischen Fakultät der Humboldt-Universität zu Berlin. Publizistische Arbeiten zu kulturtheologischen Themen für deutsche Zeitungen, Zeitschriften und Radioprogramme. Zahlreiche Buchveröffentlichungen, zum Beispiel über die Geschichte des Kirchenbaus und der Kirchenmusik.

Prof. Dr. Dirk Engelmann (Jg. 1970)
Professor für Finanzwissenschaft an der Wirtschaftswissenschaftlichen Fakultät der Humboldt-Universität zu Berlin.

Prof. Dr. Reinhold Ewald (Jg. 1956)
Professor für Astronautik und Raumstationen am Institut für Raumfahrtsysteme an der Universität Stuttgart. Reinhold Ewald ist Mitglied der Association of Space Explorers (ASE), einer internationalen Vereinigung von Raumfahrern und volles Mitglied der International Academy of Astronautics, Paris, sowie der Deutschen Physikalischen Gesellschaft.

Dr. Tobias Holischka (Jg. 1982)
Projektreferent am Zentrum für Forschungsförderung der Katholischen Universität Eichstätt-Ingolstadt. Bis 2022 wissenschaftlicher Mitarbeiter am Lehrstuhl für Philosophie an derKatholischen Universität Eichstätt-Ingolstadt mit den Forschungsschwerpunkten Technikphilosophie und Phänomenologie der Virtualität.

Prof. Dr. Jürgen Kampmann (Jg. 1958)
Professor für Kirchenordnung und Neuere Kirchengeschichte an der Eberhard Karls Universität Tübingen. Seit 2016 Synodaler der Evangelisch-Theologischen Fakultät Tübingen in der Württembergischen Landessynode. Mitglied des Kuratoriums der Evangelischen Forschungsakademie.

AUTOREN- UND HERAUSGEBERVERZEICHNIS

Prof. Dr. Alfred Krabbe (Jg. 1956)
Professor für Flugzeugastronomie und extraterrestrische Raumfahrtmissionen, Leitung des Deutschen SOFIA Instituts am Institut für Raufahrtsysteme an der Universität in Stuttgart, Direktor der Evangelischen Forschungsakademie.

Prof. Dr. Andreas Lindemann (Jg. 1943)
Professor für Neues Testament an der Kirchlichen Hochschule Bethel (1978–2009), korrespondierendes Mitglied der Niedersächsischen Akademie der Wissenschaften zu Göttingen, 2000 Präsident des Colloquium Biblicum Lovaniense, 2009/10 Präsident der Studiorum Novi Testamenti Societas, 2007–2018, Direktor der Evangelischen Forschungsakademie.

Prof. Dr. Rüdiger Lux (Jg. 1947)
1995–2012 Inhaber des Lehrstuhls für Theologie und Exegese des Alten Testaments an der Universität Leipzig; langjähriger Universitätsprediger. Seine Forschungsschwerpunkte liegen im Bereich der biblischen »Weisheitsliteratur« und der nachexilischen »Prophetie«. Er ist ordentliches Mitglied der Sächsischen Akademie der Wissenschaften und war 2001–2007 Direktor der Evangelischen Forschungsakademie.

Prof. Dr. Friederike Nüssel (Jg. 1961)
Professorin für Systematische Theologie und Direktorin des Ökumenischen Instituts an der Ruprecht-Karls-Universität Heidelberg. Ihre Forschungsschwerpunkte sind evangelische Dogmatik und ihre Transformation in der Neuzeit, insbesondere Christologie, Rechtfertigungslehre und theologische Erkenntnislehre.

Prof. Dr. Arno Schilberg (Jg. 1960)
Juristischer Kirchenrat der Lippischen Landeskirche in Detmold und Honorarprofessor an der Rechtswissenschaftlichen Fakultät der Ruhr Universität Bochum; Mitglied des Kuratoriums der Evangelischen Forschungsakademie.

Alfred Krabbe
Hermann Michael Niemann
Thomas von Woedtke (Hrsg.)

Künstliche Intelligenz

Macht der Maschinen und Algorithmen zwischen Utopie und Realität

Erkenntnis und Glaube. Schriften der Evangelischen Forschungsakademie NF (EuG) | 52

176 Seiten | 14 x 21 cm | Paperback
ISBN 978-3-374-07115-9
EUR 32,00 [D]

Mit dem Begriff »Künstliche Intelligenz (KI)« bezeichnete Technologien sind einerseits bereits Teil unseres Arbeits- und Lebensalltags, andererseits Gegenstand vielfältiger gesellschaftlicher Diskurse. Vor dem Hintergrund unterschiedlicher Interessenlagen und Betrachtungsweisen dieser Thematik erscheint es geboten, individuell und gesellschaftlich begründete und wissenschaftlich begründbare Positionen zu KI zu finden.

Die Evangelische Forschungsakademie hat auf ihrer Januartagung 2021 den Versuch unternommen, den in der Öffentlichkeit präsentierten und diskutierten positiven wie negativen technischen Visionen eine realistische Einschätzung der tatsächlichen Möglichkeiten und Grenzen von KI gegenüberzustellen und dabei auch ethische und insbesondere christliche Standpunkte von Wünschenswertem und Notwendigem in der Gestaltung der menschlichen Lebenswelt mit Hilfe von KI zur Sprache zu bringen.

EVANGELISCHE VERLAGSANSTALT
Leipzig   www.eva-leipzig.de

Tel +49 (0) 341/ 7 11 41 -44   shop@eva-leipzig.de

Arno Schilberg
Bernd Weidmann (Hrsg.)
Macht und Autorität
Ihre Ambivalenz in Kirche und Gesellschaft

Erkenntnis und Glaube. Schriften der Evangelischen Forschungsakademie NF (EuG) | 51

216 Seiten | 14 x 21 cm | Paperback
ISBN 978-3-374-06659-9
EUR 28,00 [D]

Macht und Autorität sind schillernde Phänomene. Ihre Ambivalenz rührt daher, dass sie von einem auf den anderen Moment ihre Farbe ändern können. So ist das positive Verständnis von Macht, die Fähigkeit, mit anderen etwas Neues anzufangen (H. Arendt), vom negativen, der Fähigkeit, gegen andere seinen Willen durchzusetzen (M. Weber), nur in der Theorie klar unterschieden. In der Praxis dagegen gehört beides untrennbar zusammen, sofern die Kooperation einer Gruppe immer schon in Konkurrenz zu einer anderen steht. Ob dabei der positive Anfangsimpuls im weiteren Handlungsverlauf bewahrt werden kann, ist eine Frage persönlicher Haltung und hängt nicht zuletzt davon ab, wie Macht auf Autorität bezogen ist: Entfaltet sie sich autoritativ, durch Bindung an ein Unbedingtes, das vom Kampf der Mächte unberührt bleibt, oder wird sie autoritär? Der Band thematisiert diese Frage nach dem Verhältnis von Macht und Autorität aus politischer, juristischer, psychologischer, soziologischer, pädagogischer und theologischer Perspektive.

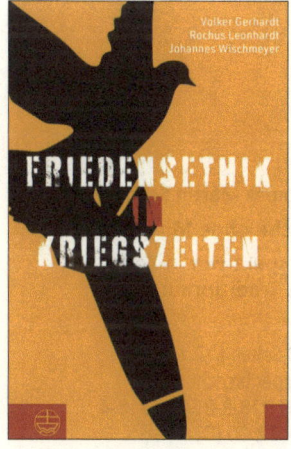

Volker Gerhardt
Rochus Leonhardt
Johannes Wischmeyer
Friedensethik in Kriegszeiten

184 Seiten | 12 x 19 cm | Paperback
ISBN 978-3-374-07337-5
EUR 24,00 [D]

Drei Tage nach dem Überfall Russlands auf die Ukraine hat Bundeskanzler Olaf Scholz in einer Regierungserklärung von einer »Zeitenwende in der Geschichte unseres Kontinents« gesprochen. Es gehe um die Frage, »ob Macht das Recht brechen« dürfe. Sofern das Verhältnis von Macht und Recht zu den zentralen Problemstellungen der Friedensethik gehört, markiert das Stichwort »Zeitenwende« auch für diesen Bereich der angewandten Ethik eine Zäsur: In Kriegszeiten steht die Friedensethik – namentlich die christliche – unter Realismus-Druck. Der theologische und kirchliche Mainstream des deutschen Protestantismus hat in den letzten Jahrzehnten vorrangig auf Kriegsprävention gesetzt und die Frage ausgeblendet, wie gehandelt werden kann, wenn Prävention scheitert.

Die drei Autoren dieses Bandes wollen auf den verstärkten Realismus-Druck reagieren, indem sie die friedensethischen Entwürfe Martin Luthers und Immanuel Kants vorstellen sowie maßgebliche friedensethische Positionen des deutschen Protestantismus einer kritischen Revision unterziehen.

EVANGELISCHE VERLAGSANSTALT
Leipzig   www.eva-leipzig.de

Tel +49 (0) 341/ 7 11 41 -44   shop@eva-leipzig.de

Thomas Martin Schneider
Kirche ohne Mitte?
Perspektiven in Zeite
des Traditionsabbruchs

200 Seiten | 12 x 19 cm
Klappenbroschur
ISBN 978-3-374-07318-4
EUR 22,00 [D]

Die evangelische Kirche leidet unter massivem Mitgliederschwund. In den vergangenen Jahrzehnten hat sie sogar noch deutlich mehr Mitglieder verloren als die römisch-katholische Kirche. Die Gründe für diesen Niedergang sind vielfältig und komplex, aber eine Ursache drängt sich auf: Ist der Kirche auch die Orientierung abhandengekommen? Hat sie womöglich ihre Mitte aus den Augen verloren? Die Mitte zwischen der Verkündigung des Evangeliums und gesellschaftspolitischem Appell, die theologische Mitte und die Mitte der Gesellschaft, die Mitte zwischen der Weitergabe religiöser Traditionen und der Anpassung an den Zeitgeist, zwischen eigener Profilierung und Öffnung nach außen, zwischen Amt und Gemeinde?
Nach einer Skizzierung der Kirchengeschichte der letzten hundert Jahre diskutiert der renommierte Kenner kirchlicher Zeitgeschichte, Thomas Martin Schneider, diese Frage – anhand konkreter Beobachtungen unserer Gegenwart. Gerade als Kirchenhistoriker will Schneider Anstöße geben, wie das reformatorische Christentum wieder zukunftstauglich werden kann.

EVANGELISCHE VERLAGSANSTALT
Leipzig   www.eva-leipzig.de

Tel +49 (0) 341/ 7 11 41 -44   shop@eva-leipzig.de